푸코와 광기

프레데릭 그로

김웅권 옮김

東文選

푸코와 광기

Frédéric Gros

Foucault et la folie

일러두기

우리는 본서에서 푸코의 작품에 나타나는 네 개의 도정(道程)을 제안하고자 한다. 그것들은 푸코의 저서에서 드러나는 광기에 대한 네 개의 일관되고 체계적이며 분화된 사유이다.

본서의 제1부에서는 국가박사학위 논문이 집필되기 이전인 50년대에 씌어진 텍스트들이 검토될 것이다. 이 텍스트들에서 푸코는 독창적인 모습을 보여주지 않는다. 광기는 평범한 마르크스주의적 해석에 따른(《정신병과 인격》), 그리고 동시에 실존주의 철학에서 빌려 온 독서틀들에 따른(빈스방거 저서에 쓴 〈서문〉) 설명적 도식들에 입각해 이해되고 있기 때문이다. 광기는 차례차례로 객관적인 사회적 병리 현상과 존재의 본질적 투기(投企)로 주어진다. 이와 같은 이중의 종속은 모순적인 것으로 남는다. 그것이 극복되기 위해서는 새로운 유형의 역사적 분석틀이 가동되어야 한다.

본서의 제2부에서 우리는 《고전주의 시대의 광기의 역사》가 연구될 것이다. 이 부분은 가장 길다. 우리는 그 거대한 이야기의 요약을 제시하려 하지는 않을 것이다. 우리가 보기에 《광기의 역사》[1]는 매우 강력한 개념적 구축물에 토대하고 있다. 우리가 재발견하고자 전념했던 것은 바로 이와 같은 구축물이다. 동시에 이런 야심으로 인해 우리는 푸코가 주장한 역사적 내용들이 유효한 것인지 판단하는 애매한 과제로부터 오는 부담을 줄일 수 있었다.

세번째 부분은 푸코가 《레이몽 루셀》에서, 그리고 《텔켈》지, 《비평》지 등 여기저기 발표한 텍스트들에서 '문학'으로서 구축하는 것을 다루게 될 것이다. 마치 푸코는 문학에 대해 이야기하면서 《광기의 역사》에 나타나는 몇몇 직관들을 연장하고 있는 것 같다. 학위 논문에서 광기로 규정된 것을 푸코는 아르토·바타유 혹은 블랑쇼를 읽음으로써 이미 확보하지 않을 수 없었다는 사실을 언급하지 않는 한 말이다. 푸코의 작품에서 문학과 광기는 서로에 귀속된다. 아니 보다 정확히 말하면 그것들은 각기 유일한 언어 경험으로 정리된다. 바로 이와 같은 전제로 무장함으로써 우리는 문학적 글쓰기가 결정적 증거를 제시하고 있듯이 기원이 없는 하나의 언어에 대한 매우 중요한 경험에 많은 지면을 할애했다. 이 언어는 광인들의 착란을 엮어내는 언어와 동일한 것이다.

제4부는 《말과 사물》에서 나타나는 광기의 존재들을 연구할 것이다. 이 기회를 통해 푸코는 자신이 프로이트의 메타심리학적 구축물들에 부여하는 중요성을 분명히 하고, 인간과학들 및 유한성의 사상들과의 관계 속에 정신분석학을 위치시킨다.

---

1) 《고전주의 시대의 광기의 역사》를 말한다. 〔역주〕

정신병의 사회적/실존적 토대

통일적 메타병리학의 회피

푸코의 첫번째 책[1]은 다음과 같은 현실적인 야망에 의해 고무되고 있다. 즉 "정신의학이 엄격하게 과학적이 되기 위해 어떤 전제들로부터 해방되어야 하는지 보여주는 것"(p.2)이다. 1954년의 상황에서 광기에 관한 '과학을 하려'는 의지는 어떠한 깎아내리기의 대상도 되지 않는다. 그것은 알튀세의 이론적 자극을 받아서 모든 진지하고 효과적인 연구에 선결 조건처럼 나타나게 되었으며, 푸코도 이상할 정도로 고분고분하게 이런 현상을 추종하고 있다.[2] 이 에세이는 다음과 같은 두 개의 질

---

1) 1954년 4월에 PUF사에서 나온 《정신병과 인격》을 말한다. 두번째 판은 (《광기의 역사》에서 얻은 지식들을 고려하여) 텍스트가 상당 부분 수정을 거친 뒤 1962년에 나온다(독자가 오늘날 만날 수 있는 것은 이 두번째 판으로 '콰드리주' 총서에서 《정신병과 심리학》이라는 제목으로 다시 나온 것이다). 두 텍스트에 대한 비교 연구에 대해선 P. Macherey의 글 〈Aux sources de *l'Histoire de la folie*: une rectification et ses limites〉, *Critique*, n° 471-472, p.753-774 참조.

문을 진술하는 것으로 시작된다. "심리학 분야에서 우리는 어떤 조건들하에서 병에 대해 이야기할 수 있는가? 우리는 정신적 병리 현상들과 신체적 병리 현상들 사이에 어떤 관계를 규정할 수 있는가?"(p.1) 이에 대한 보통의 대답들은 묵직한 개념적 대립항들을 변함없이 되풀이한다. 즉 육체에 대한 생리학적 유물론이 의미의 심리학적 관념론과 대립하는 것이다. 그러나 이는 정신적**이고** 신체적인 병약 현상들을 **넘어서** 일반적이고 추상적인 병리학적 이론을 구축하겠다는 반복적 유혹에 의해 유지되는 가짜 논쟁이다. 반대로 푸코는 하나의 작은 책을 통해서, 감정들 전체를 포괄하는 "어떤 '메타병리학'"이 아니라 "인간 자체에 대한 성찰"(p.2)을 정신병리학에 고정점으로 부여함으로써 이 학문을 과학적으로 확립하는 데 몰두하게 된다. 정신병리학은 구체적 '인간'에 대한 성찰이라는 유일한 범주 내에서만 과학적이 될 수 있다는 것이다. 인간으로의 이와 같은 회귀는 50년대에 사색상의 긴급성을 이루고 있었으며, 이런 긴급성이 충분히 명백하다고 공감되었기에 그와 같은 회귀가 현상학적 실존주의로부터 인본주의적 마르크시즘에 이르기까지 온갖 다양한 이론적 입장들을 극복할 수 있었을 것이다.

　문제의 저서 제1장("정신의학과 신체의학," p.3–17)은 서문에서 독단적으로 단언된 주장들을 역사적으로 전개시킨다. 푸코

---

2) D. Éribon에 따르면, "푸코가 공산당에 가입하게 되는 것은 대부분 알뛰세의 영향 때문이다."(*Michel Foucault*, Flammarion, 1989, p.50) 그는 1950년에 공산당에 가입해 1953년에 탈퇴한 것으로 알려지고 있다. 문제의 저서가 결정적으로 집필된 시기는 아마 1953년중에 위치할 것이다.

는 그가 사전에 비난했던 주장들로 이루어진 그 '일반병리학'의 큰 단계들을 제시한다. 우선적으로 정신병은 신체의학을 모방하고 있는데, 하나의 징후학과 질병학을 구성한다. 시기적으로는 커다란 임상적인 고전적 실체들의 시대이다. 푸코는 다음과 같은 두 가지 전제를 비판한다. 하나는 정신병이 본질(이것은 자율적·관념적 실체로서 구체적으로 모습을 나타내지 않은 채 유지된다 함)로서 생각되고, 다른 하나는 자연적인 종(병리 현상의 단위는 소멸되지 않고 특수화되는 하나의 살아 있는 종의 단위이다는 것임)으로 생각되고 있는 것이다.[3] 이 두 개의 가정은 신체적 병리 현상들과 정신적 병리 현상들 사이에 추상적인 평행 관계를 확립하고, 우리로 하여금 현실적 인간의 통일성을 상실하게 만든다. "정신 신체적 총체성(…)의 문제는 완전히 열려진 상태로 있다."(p.8) 두번째 단계(30년대)는 "반대로 개인의 전체적인 반응들을 우선시한다." 따라서 정신병은 "인격의 내재적 손상"(p.9)으로 기술된다. 푸코는 실어증에 대한 골트슈타인의 업적을 참조한다(우리가 알다시피 메를로 퐁티의 저작들에서 이 업적의 영향이 발견된다). 실어증은 신체적인 상해로도 순전히 정신적인 장애로도 환원되지 않으며, 그보다 그것은 생명체가 명명의 태도를 채택할 수 없는 실존적 무능력을 지시한다는 것이다. 따라서 병 일반은 영혼이나 육체에 대해 외부로부터 공격을 가하는 질병의 그 실체로 더 이상 이해되지 않고,

---

3) 이것들은 10년 후에 종들에 대한 전혁신적(prérévolutionnaire) 의학의 토대를 구성하는 것으로 확인된다.(《임상의학의 탄생》, PUF, 1963, p.6-8)

"심리적이면서 생리학적인 전체로 포착된 개인의 일반적 반응"(p.11)으로 이해된다. 푸코가 앞서 병리 현상들 사이의 가짜 평행 관계를 비판했다면, 이번에는 병리적인 것의 통일성이라는 환상적 테마를 비판하게 된다.[4]

그러니까 신체적 병리 현상과 정신적 병리 현상 사이에는 추상적인 평행 관계도 모호한 통일성도 없다는 것이다. 질병의 다양한 유형들의 긴밀한 결합이 있다면, 그것들을 감내하는 "현실적 인간"이라는 좁은 의미에서 "사실상의"(p.16) 통일성뿐이다. 이 현실적 인간은 광기의 환원 불가능성을 다시 이해하기 위해서 탐구되어야 한다. 정신병의 구체적 형태들의 연구는 두 방향으로 추진된다. 하나는 정신병의 심리적 차원들에 대한 연구이고, 다른 하나는 그것의 사회적 조건들에 대한 연구이다.

---

4) 다음과 같은 세 개의 개념적 방향은 정신적 병리 현상의 환원 불가능성을 입증하는 데 충분하다. 우선 추상(abstraction)이 있다(신체적 질병에서 병적 반응의 특이성을 분리시키고 **추상하는**(abstraire) 일이 항상 가능하다 할지라도, 그와 같은 작업은 심리적 삶에서는 거의 실천 불가능하다. 심리적 삶에서 장애는 특수한 응집 양식에 따라 환자의 인격 전체에 연결되어 있다고 보여지기 때문이다). 다음으로 정상적인 상태와 병적인 상태가 있다(이 구분은 신체의학에서 여전히 유효하다. 물론 병적인 상태를 생리적인 괴상함이 아니라 잠재태로서 재기록한다는 조건이 따른다. 정신의학에서 정상적인 반응과 병적인 태도 사이의 경계는 그렇게 쉽게 그어질 수 있는 것이 아니다). 끝으로 환자와 그의 환경이 있다(의료 행위는 병적인 특성을 분리시키게 해주고, 병을 앓는 주체의 개별성을 잘라내게 해준다. 반면에 정신의학에서 치료 행위, 그리고 보다 광범위하게는 환자의 공간에 있는 주변 사람들의 행위는 병리 현상과 **구성적** 관계를 이룬다. 예컨대 바빈스키는 히스테리 환자가 최면 상태에서 외적인 명령에 복종하는 순간에 암시에 걸리기 쉬운 그의 특성(피암시성)을 분리시키는데, 이때 문제가 되는 것은 환자의 흉내(simulation) 능력이라기보다는 정신의학의 소외시키는 힘이라는 사회적 현실이다).

정신병의 형태들

정신병은 '결핍증'에 걸린 개인의 행동 속에 나타난다. 그것은 부정적 분석(기억 상실, 언어 활동의 정지, 지표들의 무너짐 등)의 신속한 대상이 된다. 그러나 기능들이 사라짐과 동시에 자동 현상들(반복의 구조, 계속적인 독백 등)이 자리잡는다. 따라서 사라진 기능들과 보존된 기능들의 대립은 다음과 같은 세 개의 개념적 쌍형어를 만들어 낸다. 즉 단순한 것과 복잡한 것(착란은 대화의 합성을 기본적인 소리들의 끊임없는 반복으로 대체한다), 불안정한 것과 안정적인 것(병리적인 과정은 연속적인 현상들을 잠으로 과장한다), 무의지적인 것과 의지적인 것(환자는 모든 자유로운 솔선을 상실하고, 자동적인 반복에 의해 덥석 붙들린 상태에 있다). 이와 같은 구조적 대립은 변화의 차원에 따라 재전개될 수 있다. 정신병은 시원적인 초보적 태도들을 위해 최근의 상층적 행실들이 사라지는 현상을 드러낸다. 광기는 복잡한 기능들의 부재가 파놓은 텅 비어 있음 속에서 인간의 선사 시대를 엿보게 한다는 것이다. "질병은 자연에 반하는 본질이 아니다. 그것은 자연 자체이지만 과정은 뒤집혀 있다." (p.22) 그리하여 야콥슨은 하나의 퇴행 현상 속에서 병적 행동들에 대한 설명을 찾아냈다.[5] 그러나 이와 같은 정신의학적 퇴행주의는 논란의 여지가 있는 두 개의 가정에 의해 힘이 실리고 있다. 즉 정신 현상이 퇴행할 수 있는 실체(프로이트의 리비도, 혹은 자네의 심적 에너지)로 생각되고, 어린아이 · 광인 · 원시인이 지닌 인격들의 구조적 동일성[6]이 전제되는 것이다. 하지만 푸코는 이 퇴행의 개념을 간직하고자 하지만, (설명의 요소가 아니라) 독서의 틀로서 간직하고자 한다. "따라서 퇴행은 질병의 기술적(記述的) 측면들 가운데 하나로서만 받아들여져야 한다."(p.31) 그러나 이러한 기술은 정신적 병리 현상의 두 차원을 아직 모르고 있다. 이미 인격은 도출하기에 적절한 특유한 양식에 따라 광기 속에서 재조직화된다. 게다가 퇴행의 일반적 원칙은 왜 어떤 개인이 개인사(史)의 어떤 순간에 그처럼 회귀에 걸려드는 상태가 되는지 설명하지 못한다. "따라서 분석을 좀더 멀리 밀고 나아가야 한다. 그리하여 질병의 이와 같은 진화적·잠재적·구조적 차원을 필연적이고 대단히 의미

---

5) 정신병을 시원적 상태들로의 회귀로 보는 이와 같은 독서는 푸코가 볼 때 프로이트의 경우에서도 나타난다. 프로이트의 경우 신경증의 큰 유형들은 모두가 어린아이의 성욕 단계로의 고착-회귀들(fixations-retours)로 해석되고 있다. 유기신경증(névrose d'abandon)은 엄마와의 거의 생물학적 관계가 작용하는 구강적 에로티시즘의 단계 때 생기는 콤플렉스로 이해되고, 강박신경증은 공격적 항문기(금지와 가치 부여가 동시적으로 수련됨)를 나타내는 정서적 양면성에 의해 구조화된다. 히스테리는 거울 속에서 고유한 육체의 경험이 쫓아내지 않을 수 없었던 육체적 분열(국소 마취·마비 등)을 되찾는다. 어린아이가 거쳐 가는 모든 리비도적 단계는 미래의 신경증들의 내재적 구조화를 포함하고 있다면, 그것은 차례로 신경증이 리비도의 옛 상태들의 재출현으로 이해되기 때문이다. 자네(Janet) 역시 이와 같은 설명 도식에서 영감을 얻게 된다. 그에 따르면 정신병은 질서 있는 계속적 행동들에 필요한 에너지적 긴장들을 깨버림으로써 '어려운 행실들'(다양한 초보적 행실들을 고심하여 엮어내는 종합을 함축하는 행실들을 말함)을 방해한다. 이윽고 정신쇠약 환자는 현재와 다른 사람들에 대해 주의를 기울일 수 없으며, 사회적 영역과 특수한 대화 상대자들에 대한 동시적 지성을 나타낼 수 없다.

6) 이와 같은 동일성은 문제가 있다. 우리는 어린아이와 원시인에게 **약화된**(diminuées) 인격들을 부여할 수 없기 때문이다.

적이며 역사적으로 만들어 주는 그런 차원의 분석을 통해 그것을 보완해야 한다."(p.35)

《정신병과 인격》의 제3장은 '개인사'에 할애된다. 푸코는 진화와 역사의 대립을 언급하는 것으로 시작한다. "진화에서 현재를 추진시키고, 그것을 가능하게 만드는 것은 과거이다. 반면에 역사에서는 현재가 과거로부터 분리되어 과거에 의미를 부여하고, 과거를 이해할 수 있게 만들어 준다."(p.12) 진화의 관점은 설명적이다. 그것은 어제를 통해 오늘을 설명하는 것이다. 마치 선행성이 이유로서 직접적으로 가치가 있을 수 있는 것처럼 말이다. 역사는 과거에 대한 해석을 실현하지만 현재적 의미로부터 실현한다. "대부분의 발달심리학들이 저지르는 최초 오류는 아마 심리적 생성의 통일성에서 진화와 역사의 이 환원 불가능한 두 차원을 포착하지 못한 것이라 할 것이다."(p.37) 정신 현상의 엄밀하게 **역사적** 차원을 드러낼 줄 알았던 인물은 프로이트이다. 역사는 현재로 하여금 과거에 대립하면서 자신의 특이성을 탐구할 수 있는 가능성을 정확히 지시하며, 현재는 과거의 의미를 동시적으로 해독한다.[7] 과거와 현재의 종합은 진화에서처럼 순간들의 계속, 다시 말해 일의적인 인과 관계에 의해 조정되는 그런 계속을 통해서가 아니라 의미 작용의 순환적 관계에 따라 실행된다. 바로 이러한 의미에서 푸코는 정신분석학이 실증심리학을 의미의 차원에 개방시킬 줄 아는

---

7) 과거에 대한 탐구를 거쳐 가는 현재적 의미의 이와 같은 목표는 푸코의 경우 그것이 함축하는 시선의 구조('화살적(sagittale)' 차원) 속에서 '진단 활동'으로 규정된 철학을 폭넓게 되찾고 있다.

주목할 만한 업적을 이루었다고 인정하고 있다. 제3장은 프로이트의 소개에 완전히 할애되어 있다. 따라서 퇴행적 태도는 의미 작용적 징후로서 재포착될 수 있다. "퇴행은 과거 속으로 자연적인 추락이 아니다. 그것은 현재 밖으로 의도적인 달아남이다."(p.40) 퇴행은 원초적인 행동들을 향한 기계적인 후퇴로 더 이상 이해되지 않고, 대체의 전략으로 이해된다. 과거의 재출현은 지탱할 수 없는 현재에 직면하여 피난처 같은, 방어의 메커니즘 같은 역할을 한다.[8] "질병은 환자가 자신이 처한 상황에 대처하는 도피 및 방어의 반응들 전체를 내용으로 한다."(p.43) 퇴행은 진화의 생물학적 법칙들 속에 현존하는 잠재성이라기보다는 개인사에 걸려 있는 자폐적 태도이다. 그러나 모순은 과거 속으로의 이와 같은 피난을 통해 극복되는 것이 아니라 심화된다. 왜냐하면 내적 모순을 가라앉히는 대신에 그것을 격화시키는 수단들을 사용함으로써 심리적 갈등을 극복하는 것이 병적 태도의 속성이기 때문이다. 광기를 통한 방어는 최고의 패배를 나타내는 표현에 지나지 않는다. 나는 과거의 자세들 속에 피난함으로써 현재의 상황이 주는 공포를 거부하지만, 이 자세들은 옛날의 불안들을 일깨우고 나는 신경증적인 현재를 통해 이 불안들로부터 나 자신을 지킨다. 여기서 과거와 현재를 고통스러운 긴 주름으로 함께 엮어내는 것은 불안의 현기증나는 소용돌이이다. 실제로 근본적인 불안은 시간적인 차원들의

---

8) 안나 프로이트는 이와 같은 메커니즘들의 유형학(히스테리 환자에게 억제, 강박증 환자에게 고립, 투사-투입(projection-introjection)의 메커니즘들, 편집증 환자에게 반전 등)을 확립하게 된다.

소통을 가능하게 해주고, 미친 듯이 다양화되는 징후들 속에 소외된 존재의 한결같은 정서적 영역을 형성한다. 그러나 푸코는 불안을 만남으로써[9] 자신이 개인사의 사실 하나뿐 아니라 존재의 근본적 차원 하나를 발견하고 있음을 인정하지 않을 수 없다. 이것은 그가 차례차례로 "경험의 양식(style)" "존재의 선험적인 면(a priori)" "실존적 필연성"이라 명명하는 것이다.(p.52) 불안은 광기의 최후의 기술적(記述的) 차원을 향한 변천을 보장해 준다("질병과 존재").

이와 같은 전환은 이전의 이론들이 지닌 토대에 대한 사유의 요구에 따른 것으로 이해해야 한다. 자연주의적 퇴행주의는 역사적 관점(개인사의 특수성이라는 의미에서) 앞에서 일단 소멸했지만, 이 관점은 하나의 실존적 토대의 제시 앞에서 무너지지 않을 수 없게 된다. 이 지점에서 "근본적 경험"(p.54)이라는 관념이 나타난다. 광기의 중심에서 불안의 이와 같은 경험은 즉각적인 직관으로부터 포착되는데, 그것이 원칙상 지시하는 것은 추론적 분석이 어설프게 재현하느라 온 힘을 다하는 병적 체험이다. 그렇다면 정신병의 세계가 지닌 구조를 꿰뚫고, 그것에 참여하는 것이 가능한가? 푸코는 여기서 "병적 세계의 본질에 다다를 수 있는 상호 주관적 이해의 성공적 시도로서"(p.55) 야스퍼스의 저서(《일반정신병리학》)를 인용한다. 광기의 경험을 재구성하는 일은 두 개의 측면을 포함하게 된다. 하나는 광기

---

9) 《광기의 역사》에서 푸코는 불안을 광기의 근대적 경험이 지닌 분모로 삼게 된다.(Gallimard, coll. 〈Tel〉, 1972, p.122)

에 대한 자생적 이해(auto-appréhension)의 양태들(자신의 병을 자기의 바깥에서 일어난 신체적 사고로 인식하는 것으로부터 주체가 병적 세계 속에 완전히 침몰되는 현상까지; p.57-61)에 대한 검토이고, 다른 하나는 병적 세계의 구조들에 대한 분석이다 (이는 병적 세계의 공간적·사회적·시간적 형태들을 통해서 이루어진다; p.61-67. 예컨대 민코프스키가 편집증류의 발광에서 기술하는 것과 같은 시간적 구조들——극단적 비관론의 색채를 띤 내재성의 시간——혹은 빈스방거가 묘사한 시간적 구조들——조광증 환자의 파편화된 시간 등). 그러나 푸코의 텍스트에서 '세계'(연구의 두번째 주요 부분)의 개념은 특별하게 두드러진다. 모든 분석은 이 개념에 입각해 이루어진다. 사실 병적 세계는 정신병의 실존적 토양을 구성한다. 그것은 병적 현상에 대한 철저한 독서, 다시 말해 자연적 구조들(퇴행주의)과 역사적 요인들(정신분석학)에 진정한 위치를 부여하는 독서를 유일하게 가능하게 해주는 근본적 관점을 열어 준다. 바로 여기서 모든 의미 작용들이 단 하나의 유일한 다발로 엮어진다. 그러나 푸코가 지적하듯이 환자는 폐쇄적인 끔찍한 세계에 빠짐과 동시에, 이번에는 물질적인 공유된 세계라는 의미에서 세계에 열중한다. "외적 운명에 열중하듯이"(p.69) 말이다. 광기는 절대적 취향을 내적 세계에 결합시키고, 수동적 단념을 외적 세계의 실증적인 면들에 결합시킨다. 그리하여 그것은 객관적인 유기적 결정론들과 의미 작용의 환원 불가능한 핵심들을 동시에 포함한다. 정신병에서 발견되는 것은 의미 작용적 의례의 성격도 띠고 맹목적인 동물적 메커니즘의 성격도 지닌 어떤 경직성이다. 그때는 의미의 집요함이 어떤 비인간적인 결정론의 얼굴을 하는 순간인 것이다. 환자가 자신의 병적 세계의 의미망을 엮을 때, 그 방법은 객관적인 요인들에 의해 수동적으로 포획되는 것이다. 그러나 이 외부적 세계는 **결국** 광기의 형태들의 열쇠를 간직하고 있지 않겠는가? 지금까지 사람들은 병적 체험을 표현하라는 문학적 요구를 지나치게 추종하지 않았던가? 아마 푸코는 내적 세계/외적 세계의 이와 같은 이원성을 약하게 성찰하고 있는 것 같다. 그것은 **묘사**(병적 행동이 지닌 의미의 통일성으로 포착된 묘사)의 요구들과 **설명**(광기를 가능하게 만드는 역사적 조건들의 폭로)의 필요들 사이의 방법론적 대립과 일치한다. 책의 두 부분("질병의 심리적 차원들"과 "질병의 조건들") 사이의 대립은 텍스트의 세부 내용이 보여주듯이 내부와 외부의 대립을 상당히 폭넓게 되찾고 있다. 마치 푸코가 병리 현상의 내적 차원들(정신이상자의 주관성; p.69)을 탐사한 후, 이 질병의 "외적 조건들"에 대한 **과학적** 검토로 갑작스럽게 이동하는 것 같다.[10] 묘사의 요구들을 충실하게 따르는 것은 그 자체의 한계로 인해 분석을 정신병의 객관적 원인들의 해명으로 급변하지 않을 수 없게 만든다. 광기의 학문은 결정적 외재성의 학문이 된다.

따라서 광기를 시원적 행실들의 재출현으로, 경험의 양면성이 주는 불안한 시련으로, 마지막으로 어떤 병적 세계의 실존적 구성으로 묘사함으로써 다만 정신적 병리 현상의 '형태들'

---

10) 이와 관련해 1954년의 텍스트에 나타나는 분명한 오식을 지적해야 한다. 69페이지 마지막 행에서 "외적 차원들"을 "내적 차원들"로 읽어야 한다(P. 마슈레는 앞서 인용된 그의 논문에서 이를 이미 교정하고 있다).

만이 연구되었던 것이다. 그 어떤 경우에도 그것의 '출현 조건들' [11]이 연구된 것이 아니었다. 실증주의적 퇴행주의(자연주의적 정신의학)는 중요한 의미를 함축하는 행실을 통한 접근(정신분석학)에 의해 추월되었고, 이 접근은 근본적 경험들의 재포착(실존적 인류학)으로 재정리되었다. 인과 관계, 의미 작용, 그리고 근본적인 것은 질병의 형태들에 대한 끊임없이 보다 정확한 묘사를 위한 세 수준 같은 것을 형성한다. 진화론, 정신분석학, 실존적 분석은 여기서 그것들의 효력을 고갈시킨다. 그러나 질병의 설명을 산출하기 위해선 새로운 이론적 축을 세워야 한다. 설명적 도식들을 위해서 묘사적 틀들(퇴행의 형태들, 어린 시절의 외상들, 존재론적 불안 양태들(existantiaux)[12])을 택한다는 것은 신화에 떨어지는 것이다.(p.89) 따라서 우리는 진정한 토대로서 역사로 되돌아간다. "오직 역사 속에서만 우리는 심리적 구조들을 가능하게 하는 조건들을 발견할 수 있다."(p.90) 그렇다면 본질적인 것으로 부각되는데도 그토록 뒤늦게 소환되고 있는 이 **역사**(이것은 제3장에서 개인적 의미의 역사와는 다른 것이다)는 어떤 것인가? 푸코는 1962년판에서 완전히 수정되는 제2부에서 이 질문에 답하고 있다. 묘사의 효력들은 여전

---

11) '형태' / '조건' 의 대립에 대해서는 예컨대 p.16-17 및 71 참조.

12) Existential은 존재론적인 것(l'ontologique)과 관련되고 existententiel은 존재적인 것(l'ontique)과 관련된다. Exitentiaux는 "의식이 자신을 포착하는 선험적이고 필연적인 방식들"을 나타낸다. 예컨대 "근심은 현존재 Dasein가 특징지어지는 l'exitential이다." *Les Notions philosophiques; dictionnaire* I, PUF, 1990, p.923 참조. 역자는 마땅한 번역어가 없어 존재론적 불안 양태로 번역해 보았다. 〔역주〕

히 그대로 있지만, 광기에 대한 유물론적 설명의 망상은 영원히 소멸하게 된다.

정신병의 물질적 조건들

정신병이 역사적 조건들에 달려 있다고 말하는 것은 여전히 막연한 상태이다. 그리하여 푸코는 신속하게 일차적 오해를 예방하는 데 관심을 기울인다. 사람들이 광기로 지칭하는 것이 문화적 규범에 대한 거리로서 단순하게 이해되어야 한다는 관념은 쉽게 발견될 수 있다는 것이다(미국의 문화주의 학파에서도, 뒤르켐의 저작들에서도 말이다). 곧바로 푸코는 이와 같은 상대주의의 안쪽에다 하나의 역사주의를 위치시킨다. 일탈적 행동으로서의 광기에 대한 사유 자체가 역사적 산물이라는 것이다("따라서 우리의 심리학자들과 사회학자들이 내놓는 분석들은 환자를 일탈자로 간주하고 병적인 것의 기원을 비정상에서 찾고 있지만, 그것들은 무엇보다 문화적 테마들의 투영이다." p.75). 광기는 문화들의 부정적 잔재(정상적 상태가 그것의 주변에 그리는 어두운 가장자리 같은 무엇)가 아니라 그것들의 실질적 산물이다. 광기는 역사적 사실로서 이해되어야 한다(제5장). 광기의 형상들로 이루어진 역사가 있다. 고대 시대로부터 고전주의 시대까지 광인은 무언가에 '사로잡힌' 사람으로 인식된다. 그의 내부에는 어떤 낯선 힘, 때때로 사악한 힘(기독교 사상에서 보면 악마)이 들어앉음으로써 그가 "다른 사람"으로 변모된 것으로 언급된다.(p.76-78) 18세기는 광기에 대한 초자연적인 비전과 단절한다. 그리하여 세속화된 광인은 가장 고차원적인 능력들을 상실한 불쌍한 사람으로 인식된다.("이 질병에 대한 인본주의적 견해," p.79) 정신이상자(insensé)의 이와 같은 능력 '상실'은 개념의 차원에서 그를 인간화하는데, 그에 대한 소외의 비인간적인 관행을 도입하는 것과 동시대적이다. "중요한 것은 기독교가 정신병에서 인간적 의미를 제거함으로써 자신의 세계 내에서 그것에 위치를 부여하고 있다는 점이다(…). 18세기와 19세기의 행태는 그 반대이다. 그것은 정신병을 인간들의 세계에서 추방한다."(p.78) 광인 혹은 광인이라 선고된 사람은 권리들을 박탈당하고, 재산을 빼앗기며, 공공 장소로부터 추방된다. "따라서 환자에게 소외는 법률적 지위 이상의 것이다. 즉 현실적인 경험인 것이다."(p.82) 그러니까 광기 속에서 소외는 순수한 의학적 소여나 자연적 진실이 아니라, 사회적이고 역사적인 산물이다.

광기의 커다란 묘사적 차원들, 푸코가 제1부에서 도출한 그 차원들(시원적 행실들의 재출현, 어떤 극복할 수 없는 모순의 경험에서 방어의 메커니즘들, 고독한 세계의 불안에 찬 투영)은 동시대의 사회적 관행에서 그것들을 가능하게 만드는 각각의 조건들을 만난다. 어린아이에게 과도하게 맞추어진 교육 실천, 과도하게 보호된 환경은 어린 시절의 비현실적·추상적·전원적 세계와 긴장으로 가득 찬 성인 세계 사이에 심연을 파놓고 만다. 이 때문에 사람들이 약화된 상황에 처하자마자 회귀의 유혹이 비롯된다. "퇴행의 신경증들은 어린 시절의 신경증적 성격을 나타내는 것이 아니라 교육 제도들의 시원적 성격을 고발한다. 이러한 병적 형태들의 토대에 자리잡고 있는 것은 사회 내에 존재하는 갈등, 다시 말해 어린아이의 교육 형태들과 사회가 성인들에게 가하는 조건들 사이의 갈등인데, 사회는 전자의 교육 형태들 속에 자신의 꿈들을 감추는 데 반해 후자의 조건들 속에서는 사회의 현실적 현재와 불행이 읽혀진다.”(p.85) 경험의 양면성은 쇠약한 개인으로 하여금 이미 실패한 방어 메커니즘들의 무한한 악순환에 빠져들지 않을 수 없게 만들면서 불안 속에 잠기게 했다. 그러나 이와 같은 양면성은 인간의 정신 현상이 지닌 자연적인 병리적 잠재성을 포함하거나 삶의 본능과 죽음의 충동이 전개할 수도 있는 투쟁을 포함하지 않는다. 그것의 가능성은 타자가 경쟁자와 동료라는 모순된 얼굴을 드러내는 자본주의적 사회의 모순들에 기인한다. 끝으로 정신병이 형성되는 실존적 마디(모순되는 이중적 전제는 자아가 피신하는 사적인 세계의 투영이고, 객관적 구속들에 대한 순수한 체념이다)는 인간이 감당할 수 없는 기술적 매개체들에서 그가 자신을 더 이상 알아보지 못하는 산업 사회의 조직에 기원한다. 그는 그것들에 의해 수동적으로 결정됨과 동시에 어떤 환상적 영역을 통해 그것들로부터 벗어나는 것이다. 따라서 정신적 소외의 현상과 형태들은 ‘자연적인’ 심적 결정론들을 통해서 다 파헤쳐지지 않는다. 그것들은 역사적으로, 그리고 지리적으로 위치가 설정된 사회적 관행에 의해 지배된다. 푸코의 경우 이와 같은 조건화의 지칭은 여전히 모호하다. 왜냐하면 텍스트는 “토대” “기원” “현실적 조건” “가능하게 만드는 조건”에 대해 무차별적으로 이야기하기 때문이다. 푸코는 저서에서 궁극적인 이론적 보장처럼 암묵적으로 작용하는 마르크스주의적 설명 도식의 적절성을 정당화시키는 수고를 하지 않는다. 정신적 병리 현상의 실제적 결정들도 분명하지 않다. "존재의 조건들" "사회적 구조들" "인간의 세계"가 차례로 나타날 뿐이다.

따라서 광기의 실존적 핵심인 갈등적인 주관적 경험은 자본주의 사회의 객관적 모순들 속에서 그것의 구체적 토대를 만나게 된다. 그러나 객관적인 사회적 갈등들이 어떻게 내적인 심리적 고통으로 표현되는지 마지막 장에서 이해하는 일이 남아 있다. 푸코는 이 일을 하기 위해 파블로프의 반사학을 소환한다. 신경 체계에서 자극과 억제의 변증법은 정신적 병리 현상들의 과정을 재포착하게 해준다. 우리는 푸코를 따라 "신경 체계의 정상적 기능 작용"(p.94)에 대한 연구를 토대로 하여 광기의 형태들을 망라하는 완벽한 도표를 작성할 수 있다. 영역들의 분리, 반응들의 경직성, 역설적 현상들은 모두가 너무 강한 공격들에 예속된 신경 체계의 기능적 특수성들이다. (광기의 서로 다른 종류들을 포함하는) 상이한 모습들에 따라, 너무 강력한 갈등 상황에 정상적인 차별화된 반응 대신에 "일반화된 억제"(p.102)를 통해서 끊임없이 반응한다는 것이다.[13] 푸코의 저서가 내리는 결론은 일련의 전복들을 열거토록 할 수 있다. 고전적 정신의학은 인격체 내에서 완전한 소외를 야기하면서 이 인격체를 환자 상태로 만들 정도까지 손상시키는 순순한 비정상을 근본적 현상으로 받아들인다. 유물론적 정신병리학은 과정의 현실적 논리를 재구축한다. 그것은 신경 구조들을 약화시키고 신경 체계의 질병을 야기시키는 소외를 근본적 현상으로 제시하며, 이것에 입각해 정신병리학은 비정상성의 추상적 본질을 설명적 학설로 구축할 수 있다. 이와 같은 근본적 소외는 "부르주아 혁명"(p.103)에 의해 규정된 이데올로기적 의미에서 "인간성"의 상실로서가 아니라 살아 있고 노동하는 개인이 자기 존재의 구체적 모순들을 통제할 수 없는 그 불가능성으로서 이해되어야 한다. 이러한 의미에서 정신병 환자는 시민 사회의 모순들을 나타내는 직접적 표현이다. 그의 소외는 그를 사색적인 인간적 본성에 낯설게 만드는 편차가 아니라, 사회가 그것이 인간성에 내리는 추상적 규정과 구체적 개인들에게 강제된 사회적 조건들 사이에 도입하는 그 편차이다. 소외된 자는 인간성을 벗어나 있는 것이 아니다. 그는 그를 탈인간화시키

---

13) 50년대에 파블로프에 대한 이와 같은 참조는 정치적 선택의 차원을 지니고 있었고, 나아가 정신병들의 근원으로 자본주의 사회의 모순들을 제기하려는 시도는 대중화된 마르크스주의 이론에 폭넓게 참조했다. 게다가 푸코의 작은 책은 1951년에 나온 잡지(L. 보나페가 참여함)로서, 공산당과 가까운 정신의학 잡지인 《이성. 과학적 정신병리학 연구지》의 제1호의 연속성 속에 편입된다. 편집의 방향은 분명하다. "너무도 많은 정신의학자들이 빠져들고 있는 환상들에 대한 책임은 진정으로 과학적인 정신병리학적 학설의 부재에 있다(…). 진정한 정신 위생의 토대들은 개인이 환자가 되는 구체적 조건들의 결정, 이 조건들의 폭로, 그리고 제거이다."(p.6-9) 또한 우리는 이 1호에서 파블로프의 텍스트 하나가 번역되어 실린 것(《러시아 의학 대백과사전》의 항목인 조건 반사, p.13-26)을 볼 수 있는데, 이것은 억제와 자극의 변증법을 규정하고 (역설적, 극(極)역설적(ultraparadoxale), 균형의) 상이한 단계들을 규정하고 있다. 푸코에게 이 단계들은 정신병들의 새로운 분류 원칙의 역할을 한다. 이 잡지의 1호는 스방 폴랭(Sven Follin) 박사가 쓴 〈정신의학에 대한 파블로프의 기여〉라는 제목의 논문을 게재하고 있는데, 여기서 반사학의 결과들과 정신병들의 도표 사이의 종합이 이미 매우 엄격하게 이루어지고 있다.(p.105-118)

는 사회 속에 있다.

진정한 인간의 역사성

《정신병과 인격》이 출간되는 같은 해에 데스클레 드 브루버 사에서 빈스방거의 텍스트(《꿈과 존재》)가 프랑스어로 번역되어 나온다. 이 번역본에는 푸코가 쓴 긴 서문이 실려 있다. 물론 여기서 직접적으로 문제되는 것은 광기가 아니라, 그보다 꿈의 논리이다. 푸코는 이 서문에서 꿈에 대한 정신분석학과 현상학을 대립시킨다. 정신분석학은 꿈의 의미를 잘 읽는 방법을 가르쳐 주지만, 코드의 순간만을 붙잡기 위해 의미를 주관적으로 부여하는 심급을 놓치고 만다. 반면에 후설의 현상학은 의미 작용적 활동을 매우 순수한 상태로 해명하지만, 어떻게 꿈이 주체의 가능성들을 넘어서는 객관적 표현 구조들 속에서 실현되는지 이해하는 것을 단념한다. 푸코에 따르면, 꿈은 해독해야 하거나(정신분석학) 구성해야 하는(현상학) 의미 작용적 텍스트로서보다는 실존적 경험의 차원에서, 이와 같은 양자택일로 가지 않은 상태에서 이해되어야 한다. 그러니까 꿈이 우리에게 전달하는 것은 일정하고 특별한 경험이라기보다는 자기 자신을 전개하는 세계를 확보하는 행위 속에서 스스로를 초월하는 존재 자체의 본래적 움직이다. 그러나 꿈이 자아가 세계**와** 대결하기 전에 **하나의** 세계를 구성하는 순수한 운동을 통해 자유를 자신에게 드러내 주는 작용으로 이해된다면, 꿈의 우여곡절과 착란의 실타래를 합류시키는 아주 오래된 그 유사성은 어떻게 이해할 것인가? 엘렌 베스트의 사례에 대한 빈스방거의 연구를 빌리면서 푸코는 다음과 같이 결론을 내린다.

존재가 비본래성(inauthenticité)의 방식으로 체험될 때, 그것은 역사의 방식으로 변화되는 것이 아니다. 그것은 그것이 경험하는 착란의 내적 역사에 흡수되거나, 아니면 그것의 지속은 사물들의 생성 변전 속에 완전히 고갈된다. 그것은 본래의 자유가 완전히 소외되는 그 객관적 결정론에 빠진다. 두 경우 모두에 있어서 존재는 그 자체로부터, 그리고 그 자체의 운동으로부터 질병의 이와 같은 결정론 속에 편입하게 된다. 이런 결정론 속에서 정신과 의사는 자신의 진단이 검증됨을 보고, 이 결정론을 통해서 그는 질병을 객관적 '과정' 으로 간주하고 환자를 그의 내적 결정론에 따라 이 과정이 전개되는 무생물처럼 간주하는 자신이 정당하다고 생각한다. 정신과 의사가 망각하는 것은 질병의 그 자연적 역사를 자기 역사성의 비본래적 형태로 구성하는 게 존재 자체라는 점이고, 그가 현실 자체로 기술하는 것이 사실은 자기가 시간화되는 순간에 자신의 역사성을 확립하는 그 존재의 운동을 통해 포착한 스냅 사진 같은 것에 지나지 않는다는 점이다.[14]

---

14) 〈Introduction〉(1954), in *Dits et écrits*, t. I, p.108-109. 〈서문〉의 모든 인용문들은 이 저서에서 발췌한 것이다.

여기서 우리는 푸코가 이미 《정신병과 인격》에서 빈스방거로 부터 받아들였던 것을 쉽게 발견할 수 있을 것이다. 즉 정신병 을 극도의 객관성과 무한한 주관성으로 동시에 접근하는 취향 말이다. 그러나 그와 같은 모순적인 체념 운동은 여기서 질병 의 무심하고 중립적인 리듬들을 따르기 위해 '본래적인' 역사 의 시간성을 거부하는 자유의 자기 소외(auto-aliénation)처럼 재 포착된다. 따라서 병리 현상의 결정론은 자신의 자유를 소외시 키고 사물들의 관성에 사로잡히는 존재가 내린 선택의 이면에 지나지 않는다. 의학적 담론이 환상이나 기만으로 고발되는 것 은 아니다. 그것은 그것의 대상(환자)과 일치하지만, 이 일치는 존재의 선택이 환원 불가능하게 시작됨으로써만 가능해진다. 정신과 의사는 질병을 못 알아보는 것이 아니라 그것이 역사일 때(그러나 이것은 정신병의 경우 스스로를 거부하는 비본래적 역 사이다) 그것을 본성으로 해석하면서 잘못 생각한다. 푸코의 경 우 빈스방거의 책에 붙인 〈서문〉에서 "역사"는 "존재자가 자신 이 지닌 시간성의 운동 속에서 자신을 넘어서는 초월"을 의미 한다.(p.108) 이러한 의미에서 그것은(그것이 본래적일 때) 정신 병의 주체가 결국 빠져들고 마는 "사물들의 생성 변전"(p.109) 과 대립한다. 아니 보다 정확히 말하면 미친 인간의 '본성'은 그가 받아들인 패배의 심급 속에 있는 역사이다. 그러나 푸코 의 글 마지막 페이지들을 보면 '역사'는 또한 존재의 의미 작 용들이 현실 세계에서 이루어지는 그 순간을 지칭한다. 사실 〈서문〉의 결론은 본래적 의미 작용들의 해방인 진정한 시적 상 상력, 시, 그리고 윤리가 어떻게 '역사의 영역'에 분명하게 도

달하는지 보여준다. "표현은 언어이고, 예술 작품이며, 윤리이
다. 모든 것은 양식(style)의 문제들이고, 모든 것은 이 세계를
구성하는 객관적 생성 변전의 역사적 순간들이다."(p.118)[15] 실
제로 푸코는 '상상력'을 꿈의 운동이 지닌 역동성 자체로, 다
시 말해 본래적으로 그리고 자유롭게 하나의 자기 세계를 형성
해 내는 존재를 향한 거슬러 오르기로 이해한다. 그는 사르트르
가 《상상의 세계》에서 제시하는 분석들을 분명하게 반박한다.
사르트르는 "현실에 대한 참조를 통해서" 이미지를 "고전적으
로" 계속 제시한다(비록 이미지를 통한 현실의 이와 같은 지시가
사르트르가 볼 때 "부정적이고 비현실의 방식을 취하고" 있지만
말이다; p.110). 푸코에 따르면 상상력은 세계의 비현실화를 보
장하는 것이 아니라 존재가 하나의 세계를 확보하는 운동의 회
복을 보장해 준다. (상상력과 반대인) '이미지'를 통해서 푸코가
이번에 의미하고자 하는 것은 이 상상적 운동을 중단시키러 온
다고 생각되는, 현실의 응고된 대체물이다(이러한 의미에서 사
람은 자신의 상상력으로 아픈 게 아니라, 이 운동을 소외시키는
자신의 이미지들로 아프다). 그러나 시적 표현의 차원에서 "상
상력의 단념이 아니라 그것의 실현"(p.118)으로 제시되는 진정
한 이미지를 생각하는 것이 가능하다. 그리하여 마지막 부분은
꿈과 역사(이번에는 존재들이 서로 맺어지는 공공의 무대라는 의

---

15) 1954년부터 푸코의 작업에서 윤리적 문제는 미학적 문제 제기의 연
장 속에서 부각된다. 물론 우리가 여기서 만나는 것은 '존재미학'으로서
도덕의 개념의 사전 형성이 아니라 윤리학이 존재의 **표현**으로 귀결된다
는 최소한의 착상이다.

미에서)를 대립시킨다. 꿈을 꾼다는 것은 하나의 자기 세계를 확보하여 그것에 자기를 내맡기는 존재의 원초적 운동을 자신을 위해 은밀하게 재생산하는 것이다. 반대로 시적으로 자신을 표현한다는 것은 존재를 성립시키는 차원들을 하나의 현실 세계 속에 투자하는 것이고, 그것들을 생각하도록 인간 공동체에 제시하는 것이다. 그리하여 태생적 자유는 "하나의 윤리적 과제와 역사적 필요성"(p.119)으로 생각하도록 제시된다. 실존적 본래성의 이와 같은 재정복은 《정신병과 인격》이 물질적 소외 상태로부터의 벗어남으로 지칭했던 그 순간과 일치한다.[16] 여기저기서 **진정한 인간**의 모습(본래적 자유 혹은 소외에서 벗어난 본질)은 복원해야(달리 말하면 '치유해야') 하는 변질되지 않은 그 가치로서 유지된다.

초기 글들에서(1953-1955) 푸코는 결국 다음과 같은 유일한 목표를 추구한다. 즉 정신병리학의 실증적 내용들이 정화된 메타심리학에서 그것들을 가능하게 하는 조건들을 발견할 수 없다는 것을 보여주는 것이다. 사회적 관행의 분석과 근본적 인류학이 분명하게 시도했던 것은 본질적으로 심리학적인 차원으로부터 이 차원을 가능하게 하지만 심적 메커니즘의 범주에 속하지 않는 것으로의 그 이동이었다. 심리학의 이론적 갈등들은 그것들의 구체적 토대를 역사적인 모순적 경험에서 만난다.

---

16) "정신병의 경험은 인간이 자신 안에 있는 가장 인간적인 것을 상실하는 소외의 경험과 관련된다(…). 우리는 환자가 소외의 운명을 더 이상 겪지 않는 날, 여전히 인간적인 인격 속에서 이 질병의 변증법을 생각하는 것이 가능할 것이다."(《정신병과 인격》, p.83 및 102)

그러나 이 경험이 진술되는 불확실한 상태는 그것을 자본주의 생산 체제(이 체제에서 인간의 본질은 상실된다)의 갈등에 의해 구조화된 객관적 과정으로서의 하나의 역사에 무차별적으로 귀결시킬 뿐 아니라, 현존재(Dasein)의 역사성(존재가 자신의 세계 속에서 소외될 위험을 무릅쓰면서 세계에 자신을 개방시키는 그 초월 운동)에 귀결시킨다. 그러나 이와 같은 상이한 두 분석 형태에 대한 준거는 문제를 야기하지 않을 수 없었다. 《정신병과 인격》에서 질병으로서(다시 말해 실증적 접근 방식에 의해 선험적으로 계속해서 취급되어야 하는 것으로서) 광기의 의미는 그 자체로서 탐구된 적이 없었다.[17] 사람들이 단순히 고발하고 있던 것은 추상적인 질병분류학적인 본질들을 통해 병의 사회적 조건들을 감추고 있다는 사실이었다. 역사에 의존하는 방법은 즉각적인 과학적 신뢰를 부여했다. 왜냐하면 사람들은 역사와 인간에 대한 진정한 과학으로서의 역사적 유물론('부르주아적 학문들'의 '이데올로기적 생산들'에 대립함)에 호소하고 있었기 때문이다. (부르주아적이 아닌) 진정한 학문은 진정한 인간에 대한 가능한 유일한 접근을 보장하고 있었다. 왜냐하면 그것이 장차 이 진정한 인간의 도래를 약속했다는 점 때문이다. 그러나 현상학적 분석 양식에 나란히 의존하는 작업은 정신병으로서의 광기의 그 의미(이것은 니체 읽기에 의해 다시 자극을 받았다)에 대한 불안을 가져오지 않을 수 없었다. 그러나 두 접근 방식

---

17) 이 점은 P. 마슈레가 〈Aux sources de l'*Histoire de la folie*〉, *op. cit.* 에서 지적하고 있다.

의 양립 불가능성은 **진정한 인간**이라는 공통적 전제의 즉각적인 권위에 의해 은폐되어 있었다. 이 진정한 인간은 (미래의 탈소외에 약속되거나 혹은 시원의 자유에 뿌리내린) 자기 자신, 다시 말해 비(非)심리학적인 그 지식들의 정확한 척도(마르크스주의 과학 혹은 실존적 직관)를 구성했던 자기 자신과 즉각적으로 일치하는 인간이었다. 심리학은 소외된 인간에 대해서만 존재하는 이상, 이 진정한 인간의 도래는 동시에 모든 가능한 심리학의 종말을 예고하고 있었다. 혁명은 에고에 대한 추상적 학문을 인습적인 낡은 이데올로기들로 배척하도록 하면서 탈소외된 인간을 출현하게 하리라는 것이다. 시적 표현은 정신-사물의 과학이 제시하는 옹색한 기준들로 환원될 수 없는 순수한 존재의 운동을 해방시킬 것이다.

그러나 이 **진정한 인간** 자체가 어떤 **정해진 역사적 경험**의 산물이 아닌가? 《광기의 역사》가 이 인간을 생각하려 시도할 때, 변화하게 되는 것은 표현의 의미 자체이다. 1950년대의 텍스트들에서 표현은 자신의 존재 형태들의 충만함을 전개하고, 시나 혁명 속에서 자신의 본질적 진실과 합류하는 인간의 환상(fantasme)으로 귀결되었다. 이윽고 진정한 인간은 지식의 새로운 형상으로서의 심리학적인 인간, 인류학의 주름으로서의 인간만을 지칭하게 된다. 60년대의 진정한 인간은 50년대가 진정한 인간의 망상적인 그림자로 지칭했던 인간이 된다. 그리하여 궁극적 척도는 하나의 근본적·역사적·총체적 경험에 의해 보장된다. 그것은 인간을 고안해 낸 시기로서 **근대성**이다. 푸코는 30년이 지난 후 자신의 초기 연구들의 의미를 다시 거론하면서 이렇게 표명하게 된다.

경험의 형태들을 그것들의 역사 속에서 연구하는 일은 보다 오래된 하나의 계획으로부터 떠오른 테마이다. 이 계획은 정신의학의 영역과 정신병의 분야에서 실존적 분석의 방법들을 사용해 보겠다는 것이었다. (…) 두 가지 이유로 그것은 나를 불만족스럽게 했다. 하나는 경험의 개념을 구상하는 데 있어서 이론적인 불충분함이었고, 다른 하나는 그것이 무시하면서도 동시에 전제했던 하나의 관행과의 관계가 애매한 점이었다. 사람들은 인간 존재에 대한 일반적 이론을 참조하면서 첫번째 어려움을 해결하려고 노력할 수 있었다. 두번째 문제는 '경제적 · 사회적 맥락' 에 매우 자주 반복해 의거함으로써 전혀 다르게 다룰 수 있었다. 그리하여 사람들은 하나의 철학적 인류학과 사회적 역사라는 지배적인 딜레마를 수용할 수 있었다. 그러나 나는 이와 같은 양자택일을 노리기보다는 경험 형태들의 역사성 자체를 생각하는 것이 불가능한지 자문했던 것이다.[18]

---

18) Préface à ⟨L'Histoire de la sexualité⟩(1984), *Dits et écrits*, t. IV, p.579.

광기의 시대들의 역사적 허구

1960년대 초기에 《광기의 역사》를 읽은 사람들은 G. 캉길렘이 환기하듯이 충격을 받지 않을 수 없었다.[1] 사람들은 역사적 자료들이 넘치고 이상한 방법을 통해 질서가 부여된 이 두껍고 바로크적인 이야기에서 무엇을 유념해야 했던가? 대체 정확히 어떤 주장을 하고 있었던가? 이 작품은 이해가 제대로 되지 않았고, 때로는 제대로 읽혀지지 않았다. 사람들은 강력한 몇몇 장면들의 즉각적인 매력만을 신속하게 간직했다. 르네상스 시대에 광인들이 배에 실려 유랑하는 장면, 이성을 잃은 사람들이 구빈원에 감호되는 현상, 피넬에 의한 그들의 가짜 방면 등 같은 것들 말이다. 사람들은 이 책에서 규범적 이성에 대한 낭만적 비판, 광기가 자신의 이름을 외쳐 말할 수 있는 불가침의 권리 요구를 보았다. 이 외침은 이성의 폭력적 검열을 통해서만큼이나 그 스스로 무너짐을 통해서 오래전부터 이미 교살되

---

1) Cf. 사건으로서 《광기의 역사》에 대한 그의 논문, *Le Débat*, n° 41, septembre-octobre 1986, p.37-40.

었다. 여기서 우리는 이 두꺼운 책의 형태적·개념적 구축을 재포착해 보고자 한다.

1961년의 서문

푸코에 쏟아진 역사주의적 환원주의라는 비난들(왜냐하면 그는 데카르트의 《성찰》에 나오는 한 진술과 그 시대의 감금 관행 사이에 빈정거리는 울림을 과감하게 만들어 냈는데, 이는 최고의 모욕적인 언급으로 이해되었기 때문이다)[2]은 《광기의 역사》의 첫번째 서문[3]을 아무것도 아닌 것으로 간주하고 있다. 이 서문에서 푸코는 분명하게 자신의 책에 형이상학적인 드라마의 차원을 부여하고 있다. 이 서문은 저서의 철학적 야심을 표현하고 있는데, 1972년에 그것을 없애 버린 행동은 세부적인 분석들의 유효성을 직접적으로 문제삼지 않으면서도 그것들이 다르게 해석되는 것을 감수하면서까지 모든 개념적인 지평을 단념한다는 것을 전제한다.

1961년의 서문은 현상학에서 영감을 얻은 논증 양식을 사용하고 있다. 사실 여기서 중요한 점은 광기의 **원초적 경험**에 호

---

2) 푸코에 따르면 J. 데리다가 그를 용서하지 않았다고 생각되는 것은 하나의 철학 텍스트와 사회적 관행 사이에 만들어진 그 가교이다.(cf. 데리다에게 보낸 그의 대답의 첫 페이지들, in *Dits et écrits*, t. II, p.281-284)

3) 우리가 인용하는 서문은 *Dits et écrits*, Gallimard, 1996, t. I, p.159-166에서 발췌된 것이다.

소하면서 광기의 실증적 과학들이 전달하는 진실들을 **환원하는 것**이다("최후의 진실들이 가져오는 구조(救助)를 단념하는 것이다." p.159). 푸코는 "진실에서 완성이나 휴식처럼 보여질 수 있는 모든 것을 중지 상태"로 놓아두는 것에 대해 이야기하는데, 이는 시원적 경험이 보다 잘 발견되도록 하기 위해서이다. 그러나 과학적 실증들까지 가지 않고 재발견해야 하는 '경험'은 광기 자체의 경험으로서가 아니라, 광기와 이성이 그것들을 이미 분리시키는 것에 의해 아직 연결되어 있는 그 순간, 그것들을 대립 속에 유지시키는 그 무엇이 인식되는 그 순간의 경험으로서 이해되어야 한다. 다만 이 지점으로부터 "정신병으로서 광기의 성립"(p.160)을 복원해야 할 것이다. 심리적 현상이나 실증적 본질로서 광기는 의미의 역사적 형성이다. 약간의 비교를 하자면 후설이 《유럽 학문의 위기》에서 자연이 수학적 결정론들로 가득한 객관적 영역의 의미(부정확성이 지배하는 삶의 세계 위에 있는 단순한 기초 원리)를 띠는 그 순간을 갈릴레이와 더불어 복원하려 했듯이, 푸코는 정신의학의 '참된' 담론들을 구성하게 해줄 수 있는 위상, 질병으로서의 광기의 위상이 생성되는 역사적 그 매듭을 재포착하려 한다. 광기의 이와 같은 역사 역시 더할 수 없이 깊은 '망각'으로부터 우리를 깨어나게 해야 한다. 그것은 이 망각을 "과학보다 더 아침적인(matinal)" 언어로 만들도록 촉구한다. 기원에 충실한 이와 같은 역사가적 파롤은 메를로 퐁티가 회화의 침묵하는 소리들에 부여했던 인식적 진실들을 환원시키는 동일한 기능을 수행한다. 그것은 우리로 하여금 어떤 근본적 경험을 되찾게 해야 한다. 그러나 그렇다고 해서 구성된 진실들의 이 토양이 푸코의 경우 의미의 근본적 증여들을 복원시키는 것은 아니다. 그 경험은 세계에의 해방된 현전 같은 것의 경험이 전혀 아니다. 아마 그 이유는 문제가 되는 것이 더 이상 물리과학도 아니고, 우리의 육체적 현존을 밝혀 주는 광채를 포괄하는, 존재의 철저한 파헤침으로 통하고자 하는 객관성 영역도 아니고, 우리의 정체성을 개념들로 바꾸어 놓는 **심리학**이기 때문일 것이다. 그보다 복원되는 것은 "원초적 논쟁"(p.169)이다. 물리학자적 합리성의 천박한 계산들로 가지 않는 후설의 이성은 살아 있는 세계 위에 분절된 어떤 근본적 현전이라는 방편 속에서 자신의 진정한 토대를 찾아냈다. 푸코는 "심리학을 가능하게 만드는 조건들"(p.166)을 탐구하면서 하나의 경험을 체크하고 있는데, 이것은 자신의 구성 능력과 자기 한계의 절정을 복원한 의식의 경험이 아니라, 이성이 아닌 것과의 결별에 의해 구속된 이성의 경험이다. 푸코는 이와 같은 시원적 경험(여기서는 이성/광기의 분할이 이루어지는 시작 속에서 사유된 경험)의 표현 문제들을 제기하지 않을 수 없게 되지만, 현전의 모든 현상학에 낯선 구조에 따라 제기한다. 이제 언어는 침묵적인 경험의 의미 작용적 매듭을 너무 일찍이 끊임없이 해체하러 온다고 의심되지 않으며, 이성의 폭력 쪽에 오래전부터 이미 가담하고 있다고 의심된다. 술어 이전(antéprédicative)의 경험을 복원해 줄 수 있는 언어의 추구는 특히 객관적인 합리성의 너무 엄격한 절대성을 중화시키는 데 결부되었지만, 메를로 퐁티가 '확장된 이성'으로 지칭한 것의 이름을 항상 내세웠다. 푸코의 경우 고고학적 파롤은 어떤 이성이나 타자를 선택한 것이 아니라 광기에 반대되는 이성 자체를 이미 선택했다는 의심을 항상 받게 된다. 시원적 경험은 세계에의 현전이 지닌 실존적 구조들을 전개하는 것이 아니라 분할의 비극적 구조들을 전개하게 된다. 현전보다는 거부인 셈이다.

"연속성 속에서" 유지되고 방어된 문명과 이성의 변증법적 역사("가치들의" 역사)가 있는데, 이것은 "이유들의 합리적 연쇄"의 역사이고, "진리의 목적론에 의해 지배되는 (…) 지식의 역사"(p.161)이다. 광기의 변증법적 역사는 정신 상태들(일정한 시대와 문명이 광기 속에 투자한 '가치들'은 어떤 것들이 있는가?)의 역사일 것이며, 정신의학의 추론적 역사(어떻게 광기의 심리학적 진실들이 종교적·도덕적·사회적 편견들·몽매주의들·무지들을 넘어서 진보적이고 실증적인 심리학자의 투명한 의식에 필요 불가결하게 되었는가?)가 안쪽에 받치고 있는 그런 역사일 것이다. 그러나 광기와 관련해서 **한계의 역사**'(혹은 '비극적' 역사)를 쓴다는 것은 분할의 비극적 구조들을 '변증법적 분석의 시간적 연속성'과 대면시키고, '역사의 변증법들'에 대면시키는 행위이다. 변증법적 역사는 '수평적 생성'의 역사이다. 그것은 하나의 문화에서 역사적 내용들의 계속성에 대해서만 문제를 제기한다. 반대로 비극적 역사는 '한결같은 수직성'의 역사이다. 하나의 문화가 자신의 정체성의 긍정으로 규정되기보다는 어떤 '분할'을 통해서 정체성이 아닌 것의 배척으로 규정되게 해주는 선택들(혹은 '한계 경험들')이 탐지된다. 이 분할을 넘어서면 다만 실증적 내용들(가치들·지식들·제도들)이 안정적인 상태로 유지될 수 있게 된다. "우리는 한계들의 역사

──완수되자마자 필연적으로 잊혀지는 그 모호한 행동들, 하나의 문화가 그것에 대문자 외부가 되는 무언가를 배척하게 해주는 그 행동들의 역사──를 쓸 수 있을 것이다. 이 문화의 역사가 진행되는 동안 그것(문화)이 고립되게 만드는 그 구멍 난 비어 있음, 그 하얀 공간은 그것의 가치들만큼이나 그것을 지시한다." 모든 문화는 일정 수의 분할들, 완수됨으로써 망각되는 그런 분할들에 입각해 자신의 변증법적 연속성을 유지한다.[4] 이 분할들은 필연적으로 망각된다. 왜냐하면 설사 그것들이 전체적 역사에서 위치를 차지한다 할지라도, 그것들은 역사에 속한다기보다는 하나의 문화가 자신의 역사를 이루는 시원적 조건이다. 우리에게 이성/광기의 분할은 분명 구성적으로 보인다. 이번에는 역사의 출발인 근본적 기획(하나의 '선택')이 탐구되기 위해 역사적 실증성들과 이것들의 변증법적 관계가 초월된다. 그러나 역사를 넘어서는 이와 같은 초월적 측면은 어떤 살아 있는 이성이 아니고, 현전의 세계가 지닌 우회적 보편성, 즉 의미의 근본적 증여도 아니며, '시원의 분할'이다. 여기서 '구조'라는 용어는 변증법적 역사에 대립하기 위해서, 그리고 보다 심층적으로는 역사의 개시 자체를 지칭하기 위해서 사용된다.[5] "광기의 경험이 지닌 구조는 전적으로 역사에 속하지만 역사의 경계 지점에, 역사가 결정되는 곳에 자리잡고 있

---

4) 푸코는 이성/광기의 분할 이외에도 동양/서양, 꿈/깨어 있음의 분할, 그리고 성적 금지들의 분할을 환기시킨다.(p.162)

5) 따라서 최소한 이 첫번째 저서에서 푸코의 문제는 사람들이 그에게 비난하고 싶어하는 역사의 초월적 측면의 문제가 아니라, 역사 자체를 넘어서는 초월적 측면의 문제이다.

다."(p.164)

　이성/광기의 이러한 분할은 그 자체가 역사를 역사의 부재와 분리시키기 때문에 그만큼 더 하나의 역사를 구성한다. 그것은 작품과 작품의 부재를, 분절된 언어와 빈 말(이때 광기는 무의미한 것의 착란적인 반복과 동일시되기 때문이다)을 분리시킨다. 서양이 헛된 반복과 진보, 생산적인 것과 무용한 것, 의미와 비의미를 분리시키는 그 분할은 문화적 내용들이 질서 정연하게 계속되는 가능성 자체를 열어 주는데, 이것이 이 분할을 '중심적' 경험으로 만들고 있다. 우리는 최소한 그 서문에 나타난 개념화에서 볼 때 푸코에게 순수한 광기는 역사에서 존재하지 않는다고 말할 수 있을 것이다. 그것은 "순수한 기원이고(…) 최후의 잔재이다."(p.163) 광기로부터 떨어져 나옴으로써만 역사 자체가 존재한다. 역사의 의미는 그것의 가능 조건들을 이성의 형태들이 지닌 자동 계시(auto-révélation)의 구조 속에서 발견한다기보다는 광기의 비의미를 구성하는 거부 속에서 발견한다. "역사는 역사의 부재라는 토대 위에서만 가능하다." 각각의 역사적 순간은 이 거부의 합의된 연장처럼 사유되어야 한다. "역사의 커다란 업적은 업적의 부재, (…) 역사가 진행되는 동안 내내 변함없는 모습으로, 피할 수 없는 공허의 상태로 흘러가는 그런 부재를 지울 수 없이 동반한다." 이러한 비의미(착란의 속삭임, 분절된 언어가 없는 낱말들)는 그것의 순수한 필연성(절대적 비(非)토대라는 것의 필연성)을 통해 역사를 단순한 가능성으로 나타나게 만든다. 푸코는 여기서 하이데거의 유명한 텍스트("형이상학이란 무엇인가?")를 기억할 수 있다. 이 텍스트에서 무(le néant)는 부정의 섬광과 마찬가지로 긍정성들이 빛을 발하도록 유일하게 해줄 수 있었던 그 떨어져 나옴 이래로 절대적 시작처럼 사유되었다. 그러나 푸코의 경우, 역사가 폐지되고 동시에 그것의 탄생 조건들을 발견하는 이 검은 지점은 현존재(Dasein)가 체험하도록 제시될 수 있는 그런 불안의 근본적 시련과 관련되는 것이 아니라 '**홀로** 말한다고 할 수 있는 언어,' 즉 그가 다른 곳에서 '문학'이라 부르게 되는 것과 관련된다.

따라서 모든 가능한 경험의 경계에서, 다시 말해 역사적 경험이 전개될 수 있게 해주는 그 출발 지점에서 우리는 역사의 형이상학적 예비로서 분할의 비극적 구조를 발견한다. "광기-비이성(folie-déraison)이라는 관계는 서구 문화의 경우 그것의 독창성이 지닌 차원들 가운데 하나를 구성한다. 그것은 히에로니무스 보스 훨씬 이전부터 서구 문화를 수반했으며, 니체와 아르토 이후에도 계속 따라다니게 된다."(p.161) 두번째 수준에서 분할의 실현 같은 것을 구성하게 될 "근본적 경험들"[6](각각의 시대에 고유한 경험들)이 전개될 수 있게 된다. 르네상스 시대에 결별의 서사적 드라마, 고전주의 시대 동안 분리의 완수, 근대의 시기에서 내면화를 통한 분할 자체의 망각 같은 것들 말이다. 이 근본적 경험들은 매번 역사적 내용들(의학적 텍스트들, 정치적 행동들, 제도들 등)을 모으고 종합하는 요소를 구성

---

6) "이 경험은 이론적이지도 실천적이지도 않다. 그것은 하나의 문화가 그것에 고유한 가치들을 위험을 무릅쓰고 드러내는 그 근본적 경험들이 속한다." *Histoire de la folie*, Gallimard, coll. 〈tel〉, 1972, p.192(이 책의 모든 인용문들은 이 마지막 판에서 발췌되었다).

하게 된다. 중세에서 르네상스까지 광기의 경험은 "극적인 논쟁"(《말해진 것과 씌어진 것》, t. I, p.165)의 경험이었다. 어떤 다른 세계에 대한 상상적인 강박 관념으로 다루어진 것이다. 반면에 근대의 경험은 광기를 '실증성'으로, 다시 말해 지식의 대상으로 구성한다. 광기는 인문과학의 담론에서 그 나름의 진리의 수치를 만난다. 이 둘 사이에 "이미지도 없고 실증성도 없는" 고전주의 시대의 경험이 자리잡는다. 그것은 "커다란 부동의 구조"이고, "움직임이 없는 형상이며, 빛과 어둠의 단순한 분할"이었다. 광기에 대한 고전주의 시대의 경험은 이성/광기에 대한 논쟁의 심화로서, 혹은 이성과 광기가 붙들렸던 그 혼돈의 결말로서 사유된다. 그것은 비극의 비극적 경험으로, 분할이라는 통일성 속에서 "미분화된 경험"의 조직화로 사유된다. 고전주의 시대의 근본적 경험이 지닌 특권이 있으며,[7] 푸코는 이 경험을 지칭하기 위해 그가 역사 자체의 부정적 기반들을 설명하는 데 사용했던 용어들을 다시 끌어들인다. 광기에 대한 근대적 경험은 고전주의 시대와의 단절이 아니라 연장 속에서 나타난다. 푸코의 언급에 따르면, 그것은 인간이 이 비극적 분할을 "그것 자체의 차원으로" 환원시키는 것이며, 그것을 인간의 정상 상태와 병적 상태의 분할로 추방하는 것이다(이것이 광기의 역사를 "심리학 자체를 가능하게 만드는 조건들의 역사"(p.166)

---

7) 이미 빈스방거의 저서에 붙인 서문을 썼던 시대(1954)에 푸코는 상상력의 근본적 인류학의 범주 내에서 표현의 **비극적** 구조(시간의 수직성)에 결정적 특권을 부여했는데, 이 구조는 실존의 존재론적 토대들에 접근하는 직접적인 길로 해석되었다.(*Dits et écrits*, t. I, p.109)

로 만든다). 적어도 서문의 표현으로 볼 때, 광기의 커다란 세 시대는 하나의 연속적인 이야기를 이루는 세 개의 행위를 구성한다. 이 이야기는 광기의 망각의 이야기인데, 다소 비교하자면 하이데거의 경우 각각의 시대가 존재의 특수한 망각 형태를 전개하여 기술(技術) 속에서 총체적 말소까지 이르게 되는 것과 같다. 푸코의 경우 이 총체적 말소에 광기의 의학화가 대응한다. 이와 같은 망각은 더할 수 없이 대대적이고, 동시에 그럼으로써(변증법들의 온전히 보존된 해묵은 권위를 생각하자) 순수한 광기의 섬광을 재정복하고, 다시 폭발하는 것을 볼 수 있는 기회가 온다는 것이다. 이 지점에서 하이데거와 푸코의 두 경우 모두 횔덜린의 시 작품이 빛을 발한다.

역사의 형이상학적 가능성에, 그리고 역사적 특수성 속에서 고려된 고전주의 시대에 동시에 귀결되는 '비극적 구조'의 역설, 이미 고발된 그 역설은 **비이성**(déraison)이라는 개념의 모호한 사용 속에 다시 나타난다. 이 개념은 광기에 대한 고전주의 시대의 경험이 지닌 특수성에 직접적으로 귀결된다. 그러나 여기저기서 푸코는 르네상스와 근대와 관련해서도 그것을 사용함으로써 일의적인 규정의 시도를 취약하게 만들고 있다. 그러나 애매성은 아마 이 개념에 본질적이라 할 터이다. 왜냐하면 우리가 각각의 시대는 의미의 일정한 뜻을 광기에 부여한다(상상적 강박 관념으로서 광기, 비이성으로서 광기, 끝으로 정신병으로서 광기)고 상정하는 순간부터 광기에 대한 **하나의** 역사 기술을 어떻게 이해해야 하는가?라는 문제가 제기되기 때문이다. 푸코는 광기**와** 비이성이라는 중복어를 내놓음으로써 이 문제를 해결한다. 우리가 그것들에 대해 다만 알고 있는 것은 그것들이 일치하지 않는 두 개의 개념이며, 이 두 용어 사이에 어떤 괴리, 공백 같은 것이 자리잡는다는 점이다.[8] 이와 같은 유희에서 역사가적 글쓰기는 그 나름의 부피를 지닐 수 있다. 광기와 관련해 비이성이 지칭하는 것은 과도함이고, 광기로 하여금 하나의 역사적 규정이 지닌 일의성 속에 갇힐 수 없게 만드는 그 무엇이다. 그러나 서문이 우리에게 가르친 바와 같이 이 과도함은 어떤 절대적 결여였다는 것이며, 이 결여를 통해서 역사와 역사 기술의 가능성이 달려든다는 것이다.

또한 우리는 한 시대의 근본적 경험이 분할의 형이상학적 구조를 향해 신호를 보내는 순간들, **표현**의 특권적 순간들을 규정할 수 있다. 그것들은 기본적으로 문학 작품들로 나타난다.

— 르네상스 시대의 비이성을 표현한 경우: 보스·그뤼네발트·브뢰헬(《광기의 역사》, p.28-32).

— 고전주의 시대에 비이성을 표현한 경우: 라신의 《앙드로마크》(p.265-267).

— 근대의 비이성을 표현한 경우: 디드로의 《라모의 조카》, 사드·고야·네르발·횔덜린·니체·반 고흐·루셀·아르토

---

8) 예컨대 《광기의 역사》에서 pp.371-372 그리고 382-384 참조(뒤에 가서 우리는 고전주의 시대에 '비이성'이 지닐 수 있는 다른 특수한 의미들을 검토할 것이다). 제2부의 도입부가 '광기'의 역사에서 주요 순간들을 환기하고 있는 반면에, 제3부의 도입부는 '비이성'의 역사에서 주요 순간들을 검토하고 있다.

(p.372, 381, 553-537, 539-547).

이와 같은 예술가들의 작품들은 절대적 비의미로서, 작품의
부재로서의 광기를 되찾는다. 그것들은 극복의 희망이 없는 모
순, 절대적 찢어짐, 대립적인 것들의 고통스러운 융합, 어떤 한
계 지점의 한계 경험을 말하고 있다.

— 르네상스 시대의 비이성은 우주적 차원에서 모순을 주조
해 낸다(원소들의 파괴적 혼돈, 현실(le Réel)과 이미지(l'Image)의 카
오스적 혼합; p.32-33, 38, 그리고 p.336. 이 마지막 페이지에서
푸코는 "세계들의 이와 같은 환상적 혼합을 시간의 궁극점에서" 환
기시킨다).
— 고전주의 시대의 비이성은 모순을 존재론적 차원에서 주
조해 낸다(아무것도 아닌 것의 표현, 비존재의 존재. "결국 광기는
아무것도 아니다. 그러나 이 **아무것도 아닌 것**의 역설은 그것을 **나
타내는 것이다.**" p.261).
— 근대의 비이성은 모순을 인류학적 차원에 위치시킨다(필요
욕구의 긴급한 즉각성과 환상의 무한한 매개들, 에고의 내적 주관
성과 세계의 전개된 객관성, 의미와 비의미; p.369-371, 536,
537, 540).

그리하여 "비이성의 커다란 구조들(…), 즉 다소 역사가들의
시간에 이르지 못한 채 서구 문화 속에 잠자는 그 구조들"(p.
364)이 규정될 수 있다. 역사의 시작이 되는 것은 역사적이지

않다. 비이성의 순간은 기원(작품의 부재로서의 광기의 절대적 기원)의 무례한 재출현으로서 이해되지만, 이 기원의 반복, 다시 말해 (우주적·존재론적·인류학적) 새로운 의미가 부여된 반복은 매번 새로운 일련의 역사적 행동들을 보장한다. 그리하여 푸코는 한 시대의 근본적 경험을 통해서 고전주의 세기에 광인들의 감금("감금은 비이성으로, 다시 말해 이성의 비어 있는 부정성으로 체험된 광기에 가장 정확히 부합하는 실천이다." p.267-268), 혹은 근대의 질병학적 갈등들을 설명할 수 있다.[9] 따라서 우리는 문학적[10] 혹은 회화적 출처들의 전략적 중요성을 보다 잘 이해하게 된다. 그것들은 한 시대의 근본적 경험이 출현하는 돌출점과 같은 것이다. 그렇기 때문에 푸코는 문학 텍스트들에 대한 심리학적 해석에 매우 적대적인 모습을 보인다. 니체나 네르발의 텍스트들을 우리에게 이해시키는 것은 의학적 접근이 아니다. 광기의 의학적 자각을 가능하게 하면서, 우리로 하여금 비이성의 근대적 경험에 도달하게 해주는 것은 오히려 이 저서들이다. 예술적 표현은 비이성의 구조화시키는 경험을 나타내는 데 일치한다. 상상의 세계[11](꿈은 주요한 경험으로 남아 있으므로) 비이성의 파열을 즉각적으로 되찾기 때문이다.

그러나 순수한 광기가 떠오르는 예술적 표현들에서 근본적

---

9) 푸코는 비이성의 서정적 경험을 환기한 후, 이렇게 확인한다. "광기를 구성하는 근본적 경험의 애매함이었던 것은 광기의 현상들에 대해 부여해야 하는 해석에 관한 이론적 갈등들의 망 속에 신속하게 사라진다."(p.540)

10) 푸코는 1961년의 한 대담에서 이렇게 고백한다. "나의 흥미를 끌었고, 나를 안내했던 것은 문학에서 광기가 존재하는 어떤 형태이다."(*Dits et écrits*, t. I, p.168)

경험이 이 순수한 광기로서의 비이성과 소통한다 할지라도, 다른 한편으로 그것은 용인할 수 없는 광기를 제한하는 역사적 절차들을 정착시킨다. 하나의 경험이 지닌 역사성은 이와 같은 구체적 제한들을 엮어냄으로써만 유지되며, 푸코가 보기에 고문서의 내용들은 이러한 엮어냄 속으로 달려들게 된다. 이 구체적 제한들은 즉각적으로 비광기의 의식들이 되는 **광기의 의식들**로 지칭된다(여기서 광기는 주체가 아니라 한계-대상(objet-limite)이다). 각각의 시대는 미치지 않았다는 네 개의 의식 형태들, 서로 다르게 균형이 잡힌 형태들을 보여준다.[12] 이 의식 형태들은 모두가 광기를 경계하면서도 그것을 구체적으로 파악하는 논거를 위한 네 개의 특수한 방식이다. 그것들은 광기를 제한하는 방식들이고, 그 자체로 세 개의 순간을 포함하고 있다. 우선 광기의 파악이 있고, 다음으로 이 파악은 광기를 하나의 위험으로 나타나게 하며, 마지막으로 이 위험은 사실 오래전부터 이미 교묘하게 피해졌다는 것이다. 그리하여 푸코는 다음과 같이 세부적으로 기술한다.(p.182-186)

---

11) 이것이 의미하는 바는 **비이성의 상상력들의 역사**가 있다는 것이다. 예를 들면 보스로부터 사드에 이르기까지 우리는 "서구 상상력의 가장 커다란 변환들 가운데 하나"(p.381)를, 다시 말해 "우주적 갈등"과 다른 세계들의 침투를 나타내는 이미지들로부터 "인간의 갈망들이 지닌 모순"(섹스와 살인, 욕망과 잔인성 등)의 이미지들로의 이동을 목격한다. 고전주의 시대를 보면, 비이성의 객관적 상상계는 존재하지 않는다. 왜냐하면 분명히 비이성은 헛된 환상, 꿈의 비현실적인 망상에 불과하기 때문이다(p.258-259).

12) "르네상스와 더불어 몰상식한 자의 비극적 경험이 사라진 이후로, 광기의 역사적 모습 각각은 이 네 개의 의식 형태들의 동시성을 함축한다."(p.187)

— **비판적** 의식: 이성은 곧바로 어떤 변증법, 다시 말해 실행상 이성의 책임이 전제되는 그런 변증법을 낳는 서두름을 드러내면서 광기를 순수한 대립체, 그러나 즉각적으로 뒤집혀질 수 있는 대립체(광기와 이성 가운데 어느것이 타자를 측정하는가?)로 고발한다.

— **실천적** 의식: 사회는 광인들을 기존 규범들을 위반하는 자들로 지칭한다. 이것은 사람들이 국가의 질서가 그들의 존재에 의해 위협받고 있음을 느낀다는 상정한다. 그러나 사실 이와 같은 의식에는 정황이 분명한 위험에 즉각적으로 반응하는 것 이상으로, 매번 그런 위험들이 나타날 때마다 기원을 알 수 없는 오래된 푸닥거리 의례의 부활이 있다.

— **진술적** 의식: 합리적인 주체는 광인의 민간한 현존을 고발한다. 이는 단순한 인식으로서 어떠한 매개도 없고, 광기에 대한 이론적 지식도 없으며, 가치 주장도 없이 이루어지는 한 부서지기 쉬운 것처럼 보인다(이러한 인식은 "저런, 미친 사람이네" 정도로 지적하는 데 만족한다). 그러나 인식 영역의 조직 자체가 광인이 아니다는 의식의 단단한 토대를 전제한다.

— **분석적** 의식: 이론적 이성은 객관성의 표면 위에 광기의 메커니즘들과 종류들을 새긴다. 물론 이것들은 언제나 어두운 부분을 포함하며, 이 어두운 부분은 단지 일시적인 무지의 지대로 보내진다. 광기는 지식의 형태들에서 전적으로 소외되어 있음으로써 분할의 대상조차 더 이상 되지 못한다.

분할을 성립시키는 구조(서구의 변증법적 역사의 기원-한계

(limite-origine))는 다음과 같은 네 개의 제한 방식으로 그 자체가 파열된 광기(광기의 의미는 이러한 분열 자체에 있기 때문이다)에 대한 이해 위에 정리된다. 즉 고발로서의 한계(대화하는 의식), 지칭으로서의 한계(의례적 의식), 지시로서의 한계(인식적 의식), 객관화로서의 한계(실증적 의식)가 그것이다. 이 네 개의 의식 형태는 '연대적'이면서 동시에 서로 환원 불가능하다.(p.185-186) 일정한 시대에 있어서 광기의 의미는 이 네 개의 의식 형태들, 다시 말해 이것들의 '성좌'에 질서를 부여하는 구조(지배적 요소들, 특권들, 균형들)를 통해서 탐구되어야 한다. 그렇기 때문에 광기의 그 역사에서 중요한 것은 인식하는 의식의 진보보다는 다양한 의식들의 변모된 윤곽이다. 한 시대에서 다른 한 시대로 가면서 진화하는 것은 광기의 본질에 대한 반성적인 포착(광기는 '과학적' 심리학의 도래와 더불어 결정적 진보를 했으며, 마침내 그것은 정신과 의사의 실증적 정신에 그 진실을 드러냈다고 보는 것임)이 아니라 보호 방식들의 전략적 입장이다. 그렇기 때문에 근대 의학의 실증주의는 마침내 진실을 드러낸 광기에 대한 각성을 구성하는 것이 아니라 **하나의** 보호 구조가 지닌 체계적인 특권의 발효를 구성한다. 이 보호 구조는 오늘날 광기의 궁극적 의미를 담아내고 있다고 주장하는 객관화(분석적 의식)이다. 그러나 의식 형태들 가운데 어떠한 것도 이 궁극적 의미를 전달할 수 없다. "불일치는 끝이 날 수 없는 논쟁에서 원칙에서부터 깨지고 파편화된 광기의 의식만을 허용하면서 구조들 속에 새겨진다 할 터이다."(p.181) 각각의 시대는 이 의식 형태들의 윤곽에 의해 규정된다. 우리는

다음과 같은 도식을 작성할 수 있다.

— **르네상스**: 광기에 대한 비극적 의식이 폭발함(상상계의 형태들을 빌리는, 분할 이전의 드라마적 논쟁). 비판적 의식을 통해 이 비극적 의식을 폐기함으로써 이윽고 배제의 구조가 자리잡게 된다. 융합적 의미(변증법적 한계)에서 공유의 시기임.

— **고전주의 시대**(17-18세기): 비판적 의식(광인들을 타자로 이해함)에 토대한 실천적 의식(광인들의 감금)이 정착됨. 동시에 분석적 의식(논쟁의 망각을 토대로 배제적 분할이 정착됨)에 의해 균형이 잡힌 진술적 의식이 정착됨.

— **근대**(19-20세기): 분석적 의식은 자신만이 광기의 총체적 진실을 전달할 수 있다고 주장함(분할 자체가 망각됨).

이상의 분석들은 다음과 같은 두 개의 결과로 나타난다.

— 서양은 역사 가능성의 토대를 이성/비이성의 분할에만 의존하고 있다.

— 이와 같은 분할의 역사(르네상스 시대에 분리의 드라마, 절대적이고 조직화된 분할을 드러내는 고전주의 시대의 비극, 결별의 비극의 망각을 드러내는 실증주의적 산문)는 광기에 대한 의식들의 입장들에 의거하고 있는데, 이것들은 모두가 비이성의 조절로서의 근본적 경험에 입각한 광기의 거부이고 제한이다.[13]

따라서 의학적 대상, 실증적 단위, 이해할 수 있는 실체, 초역사적인 질병분류학적 실체로서 '광기'는 이중으로 고발된다. 즉 그것은 형이상학적 차원(분할의 비극적 구조)에 의해, 그리고 그것에 대한 의식들의 환원 불가능한 다양성에 의해 넘쳐난다는 것이다.

의식들의 폭발에 의해 그려지는 윤곽들을 넘어서 광기의 경험은 **한계로서의 광기**라는 일정한 의미와 **분리**의 특수한 양태를 끌어들인다. 보다 구체적으로 말하면, 푸코는 사회적 **관행**이 함축되어 있는 광인의 **지리학**(사람들은 사회적 장기(échiquier)에서 그를 어디에 위치시키는가?)을 고문서에서 추구하면서 작업을 한다. 그런데 (어떤 경계들을 그리는) 이러한 관행은 하나의 분화된 감성 속에, 다시 말해 하나의 지각적인 분절 속에 뿌리내리고 있다. 따라서 경험은 그 의식 형상들의 표현 공간을 구조화시키는 일정한 지리학 속에 편입된다. 한 시대의 근본적 경험은 또한 이론적 **대립 유형들**에 대한 연구를 통한 지적(과학적 · 철학적 · 의학적 등) 생산물들 속에서 식별될 수 있다. 끝으로 광기의 경험들이 지닌 내용들(사회적 실천과 담론적 실천)의 총체는 전반적 **종합**으로부터 구성된다. 이러한 자료들의 체계화는 다음과 같은 도표에 나타나 있다.

---

13) 광기의 의식들/비이성의 경험이라는 구분은 광기가 연속적으로 대상(광의 의식들)이며 주체(비이성의 경험)가 된다는 대립을 포함하지 않는다. 푸코에게 중요한 것은 비이성의 시원적 구조를 토대로, 광기의 분산된 의식들의 역사적 주름으로서 근본적 경험(각각의 시대에 하나의 경험)을 생각하는 것이다.

	광기의 의식들	한계로서의 광기의 의미
르네상스	변증법적 의식	다른 세계들
고전주의 시대	실천적 · 변증법적 · 진술적	순수한 부정성 (동물성과 광란)
근대	분석적 의식	심리적 성격

	분리의 양태	지리학
르네상스	접촉의 표면	통과 장소
고전주의 시대	배타적 분리	구빈원
근대	객관화	정신병원

	사회적 실천	기하학
르네상스	돌아다니게 함	파열된 공간
고전주의 시대	감금	분할된 공간
근대	치유	꽉 찬 공간

	이론적 대립 유형	종합 능력
르네상스	세속/종교	상상력
고전주의 시대	이성/비이성	윤리적 지각
근대	정상/병적임	분석적 오성

광기의 경험, 중세말에서 16세기까지

　중세말에서 르네상스의 중반까지 걸쳐 있는 비극적 경험 속에서 이성/광기라는 분할(그러나 아직 완성되지 않은 분할)의 시험 자체가 형성되면서 그것들 둘 다를 고려하는 '논쟁'의 긴급성이 드러난다("광인들의 배"라는 장). 이 비극적 경험은 우주적 모습을 띤다. 세계의 대(大)이성(사물들의 질서, 그것들의 본성)은 우주를 거대한 광포로 몰아넣을 수 있는 절대적 광기의 파괴적 '위협'에 의해 불안정하게 되어 있다는 것이다. 그리하여 광기의 의식들을 다루는 그 이후의 역사는 이 원초적인 비극적 의식의 사라짐·망각·은폐의 토대 위에서만 가능하게 된다. 광기의 (의학적인) 총체적 의미를 재포착하겠다는 근대의 포부를 가로막는 모든 거부 형태들도 결국 마찬가지이다. 이 광기의 경험은 하나의 근본적 거부를 토대로 성립되기 때문에 오래전부터 이미 파편화되어 있다. "광기를 정신병으로 분석할 정도까지 합리적 사유를 이끄는 그 아름다운 엄정함을 수직적 차원에서 재해석해야 한다. 그러면 광기는 그것들 각각의 형태를 통해서 이 비극적 경험을 보다 완벽하고 보다 위험한 방식으로 은폐하는 것 같다."(p.40) 어떤 비판적 의식이 르네상스 시대에 비극을 벗어나도록 요청받게 된다. 그것은 광기에 대한 특유하게 고전주의 시대적인 경험을 향해 이루어지는 변화이다. 그러나 또한 비판적 의식은 타협적인 애매성을 드러낸다. 이성과 광기 사이의 변증법적 유희들은 이미 이루어진 것이 아니고, 시작되고 있기 때문이다. 광기는 또한 이성의 실천 자체에 참여한다. "16세기의 비이성(La Non-Raison)은 일종의 공개된 위험을 형성하고 있었고, 이 위험의 위험은 주관성과 진실과의 관계를 최소한 법적으로 언제나 손상시킬 수 있었다."(p.58) 무기들에 ——거의——동등한 '논쟁'이 있다. 그러나 변증법적 유희는 고유한 불균형에 의해 고전주의 시대를 이미 예고한다. 광기는 이제 인간의 이성과의 관계 속에서만 주제화되기 때문이다. 그것이 지시하는 위험은 더 이상 우주적인 성격이 아니다. 그것은 약해진 인간 이성이 진리에 접근할 때에만 이 접근에 위협을 가한다. 특히 그것은 "언어의 영역에서 하나의 경험"(p.39) 쪽으로 옮겨진다.

광인의 지리학은 사회적 관행에 의해 야기된 것인데, 광기에 대한 르네상스 시대의 경험을 되찾게 해준다. "광인들의 배"라는 테마는 르네상스 시대의 상상적 풍경들을 항상 따라다니면서 하나의 구체적인 의례, 즉 정신 나간 자들을 배에 실어보내는 것으로 귀결된다. 그러나 푸코는 이와 같은 행위의 의미를 부정할 수 없는 사회적 유용성의 입장에서 철저하게 파헤치지 않는다. 광인들을 추방함으로써 그들로부터 벗어나고 자신을 지킨다는 유용성 말이다. 선적의 의미는 "사회적 유용성이나 시민들의 안전이라는 유일한 차원에"(p.21) 있는 게 아니다라고 그는 쓰고 있다. 그가 볼 때 그보다는 사회적 관행을 광기에 대한 유형적 의식들에 연결시키는 게 중요한 것이다. 그리하여 배에 실어보내는 행위는 의례적인 유형으로 기술된다. 그것의 의미는 맹목적이고 사회적인 기계적 작용보다는 하나의 의례적 행사를 나타낸다. 따라서 하나의 사회적 관행(배에 싣는 행위)으로 귀결되는 지리적 상황(여기서는 물)을 식별하는 일로부터 시작되며, 이 관행의 '의미'는 추상적인 사회적 작용에 의해서 결정되는 것이 아니라, 한 시대의 환원 불가능한 경험에 의해 결정된다. 배에 싣는 관행(혹은 보다 오래된 것으로 광인들에게 자연적 장소로서 한계를 강제하면서 그들을 도시로 들어오는 문들 바깥에다 내버렸던 그 또 다른 관행; p.22)은 광인을 "절대적 회피 한계"(p.53)로 생각하는 인식에 토대한다. 르네상스 시대에 사람들은 광인이 어디로 가고 어디서 오는지 알지 못했다. 그는 그 자신도 이해하지 못하는 것 같은 어떤 메시지의 불안한 소지자였다. 그에게 모든 통로들(문들과 강들)의 장소를 지정해 주는 것은 그의 이타성을 존중하는 일이다. 광인을 배에 태우는 것은 그를 영원한 순환에 단죄하는 것이고, 돌이킬 수 없게 최초의 위치에 단죄하는 것이다. 그 자신이 그의 발작을 통해 짐작케 하는 그 한계 지대들을 증언하고 있기 때문에, 사람들은 그를 "통로(이동)에 포로가 된 자"(p.22)로 지정하면서 경계 지점이나 문지방의 한계에 위치시키게 된다. 위치가 설정될 수 없기 때문에 광인은 순전히 과도적 공간들에만 위치될 수 있다. 광인은 한계이다. 그러나 이 한계는 그를 광기라는 유일한 수수께끼에다 가두지 못한다. 그것은 접촉의 표면이고, 다른 세계들의 가능성들로 열려지는 입구이다. 그것은 이런 세계들을 계시해 주고, 특히 그것들이 침입할 수 있는 위협을 나타낸다. 그렇기 때문에 광기의 지각은 배타적 분할의 행동들로 나아가지 않는다. 순간적인 현존 속에서 본 광인은 세계들의 다른 체계들의 갑작스로운 침입(공포 속에서 상상된 침입)으로서, 그가 자신의 위치를 잡을 수 없는 모습으로 나타나는 구체적인 사회적 공간의 한계를 난폭하게 폭발시킨다. 다른 사물의 위협 아니면 약속으로서 구현된 그의 현존은 분리의 행동을 부른다기보다는 인정된 한계들을 뒤죽박죽으로 만든다. 광기(접촉의 표면으로서 한계)는 타자(순수한 이타성으로 한정된 타자)의 부름으로서, 이미 확립된 경계들을 폭발시키고 폭발된 공간의 지리의 윤곽을 비극적 의식에게 그려 준다.

15세기까지 하나의 "절대적 한계"(p.26)를 상징했던 죽음의 강박 관념을 대체하는 것은 광기의 강박 관념이다. 그러나 죽음이 삶으로 하여금 즉각적인 위엄을 상실하게 만드는 종말을 나타냈던 반면에(이것은 애초에 삶/죽음의 분할을 전제한다), 이번에 광기는 존재의 그 우묵한 곳에서 폭발한다는 점에서 죽음의 공허 자체를 나타낸다. "머리는 이미 비어 있고, 두개골이 될 것이다. 광기는 죽음이 이미 저기 있는 것(le déjà-là de la mort)이다."(p.26) 그것은 죽음보다 더 가혹한 한계를 구성한다기보다는 모든 지표들의 무너짐을 구성한다. 또한 광기-죽음의 그 강박 관념은 불안의 힘을 인간적인 비장함으로부터만 유지한다. 보스의 그림들에서 표현되는 것과 같은 광기에 대한 문자 그대로 비극적인 경험은 어떤 세계의 고백되지 않은 비밀로서 광기를 제시하며, 이와 같은 세계는 그것을 조만간 파괴시켜 버리게 될 힘들에 의해 은밀하게 고통을 당한다. 또 이 비극적 경험은 광기를 두 개의 표면으로 제시하며, 이 두 표면에 광기에 대한 "우주적 경험"과 "위험한 경험"(p.37)이 각기 새겨진다. 광기는 조만간의 혼란을 예고한다. 비극적 비이성의 표현에서 회화적 차원에 부여되는 특권은 광기가 이런 혼돈적인 힘들로 나아가는 그 개방에 연결되어 있다. 이미지의 매혹하는 힘은 계시들의 심층적인 낯섦과 발광에 상응한다. 광기는 우주적이다. 그것은 세계의 존재와 관계된다. 광기는 파괴적인 초월적

존재들의 계시처럼, 혹은 세계의 정연한 외양을 약화시키는 은
밀한 힘들의 계시처럼 경험됨으로써 살아 있는 세계와 꿈 사이
의 경계(광기는 "몽상적인 것이 현실적이라는 계시"이다; p.38),
이미지와 존재 사이의 경계(광기는 세계의 모든 현실이 언젠가
환상적인 이미지 속에 흡수되고, 착란과 순수한 파괴인, 존재와 무
의 그 공유적 순간 속에 흡수된다는 것을 예고한다; p.38)를 흐리
게 만든다. 푸코는 최후의 심판이 아니라 절대적인 착란과 격
분 속으로의 추락으로서 묵시록을 약속하는 광기를 언급한다.
(p.32-33) 세계의 대이성과 그것을 위협하는 비이성 사이의 그
논쟁에서 광기는 비극적 차원을 띤다. 그것은 존재의 기존 경
계선을 약화시키러 온다. 광기를 제한하는 것은 이성이 아니고,
합리적 질서의 기존 경계선을 무너뜨리겠다고 위협하는 것이
광기이다.[14)

그러나 광기에 대한 이와 같은 비극적 의식은 비판적 의식을
위해 '망각' 된다(은폐된다). 절대적인 한계라는 의미에서 출발
한 광기는 인간 이성의 측정적인 한계라는 의미를 띠게 된다.
그것은 다른 세계들의 위협적인 문지방을 더 이상 나타내지 않
고, 오직 로고스의 방황들로 귀결된다. 르네상스 시대가 이번

---

14) 바로 이러한 의미에서 16세기의 대(大)광기는 우주적 갈등을 예고
하는 "계시"(p.38)를 구성한다("인간이 광기의 전횡을 전개할 때, 그는 세계
의 어두운 필연성을 만난다." p.33) 2세기 이상 지난 후 광기가 고전적인 침
묵에 빠졌다가 다시 말하기 시작할 때, 그것의 기능이 드러내는 것은 인간
의 비밀이다. "세계의 보이지 않는 모습들이 더 이상 드러나 보이지 않는
언어가 아니라 인간의 은밀한 비밀들"(p.537)을 말이다. 광기의 우주적 경
험에서 인류학적 경험으로 이동이 이루어지는 것이다.

에는 (풍자적·인본주의적 등의) 텍스트들을 통해서 광기에 대해 지니는 비판적 의식을 보면, 광기는 세계의 절대적 분열이라는 위협을 더 이상 지칭하지 않고, 인간과 인간 사이의 그 가벼운 괴리(그가 자신의 존재라고 믿는 것과 실제 자신의 존재 모습 사이의 괴리, 인간 이성의 임의적이고 무제한적인 사색과 구체적인 경험의 구속들 사이의 괴리 등)에서 취해진 냉소적인 즐거움을 지칭한다. 이와 같은 괴리는 인간 행실의 도덕적인 질서에만 관계된다. "문학과 철학의 표현 영역에서 15세기에 광기는 특히 도덕적인 풍자처럼 보인다."(p.36) 인간들의 도덕적 광기는 현자에게 구경거리로 제시된다. "사리에 어긋나는 이성"과 "사리에 맞는 비이성" 사이의 제3항으로서 "지혜"는 광기의 지배를 보장해 준다.(p.58) 이제 사람들은 광기의 초재적인 계시의 능력을 내세워 그것을 그 자체로 탐구하는 일은 하지 않으며, 다만 비판적인 이성과 벌이는 교화적인 논쟁의 철저한 내재성 속에서 그것을 탐구한다. 기독교와 회의주의적인 지혜들은 다음과 같은 전복들을 낳게 된다. 즉 인간 이성은 신의 지혜에 비하면 순수한 광기이지만, 신의 이성은 인간의 지혜로 보면 광기이다.(p.43) 지혜는 이성이 비이성을 사용함으로써만 사리에 맞는다는 것을 받아들이는 것이고(p.44) 광기가 이성을 함양한다는 점을 확인하는 것이다.(p.46) 이와 같은 비판적 의식 속에서 광기가 나타내는 한계는 상호 연루시키면서 변증법적으로 서로의 한계를 규정하는 이성과 광기의 순환고리(최고의 지혜에 의해 그려지는 순환고리)로 귀착된다. 그렇지만 광기가 이성의 흉내처럼 나타나고 최소한 그 반대는 아닌 한, 광기에 대한 이와 같은 비판적 의식은 지속적으로 광기에서 이성으로 가는 순환고리를 따라가는 '위험'을 최소한 받아들인다.[15] 광인은 "르네상스의 사상에서 지나치게 내적인 어떤 닮은 모습이 이성의 가운데 가깝게 위험스럽게 존재하는 것을 나타냈다."(p.199) 고전주의 시대는 이 "변증법적 위험"을 분명하게 인정하게 되지만, 이는 곧바로 그것을 쫓아내기 위해서이다. "어떤 가소로운 닮음으로 이것(이성)을 위협하는 모든 것은 폭력의 방식으로 분리되며, 엄격한 침묵에 처해진다."(p.188)

르네상스는 광인을 다양하고 모순적인 경험으로 삼았다.(p. 121) 광인은 그 속에서 절대적인 이방인, 의학적인 보살핌의 대상(어떤 동양 사상의 영향을 받아 의학적 인본주의는 보살핌의 대상으로 윤곽이 규정된 광인의 개성에 일관성을 부여한다. 이러한 개성은 중세의 이야기들을 통해서도 존재했는데, 그것을 비이성의 진정시키는 경험 속에 용해시키는 고전주의에 의해 폐기된다; p.133-139), 장애의 요소로 동시에 제시되었으며, 비참의 세계에 참여하고 환대를 강요했던 이 세계의 그리스도적 힘에 참여하는 자로도 제시되었다. 광인은 사회적 공간 안에서 다양한 모습들을 나타낸다. 그는 병원들 혹은 감옥에 있거나 불확실한 선단에 태워지거나, 도시들의 문 밖에 남겨지든지 불안한 구호소에 수용된다. 그는 사회의 장기판에서 대략 아무 데나 별안간

---

15) 고전주의 시대의 경험의 특성이 이와 같은 비판적 의식을 허용하는 것은 이 의식이 실천적 의식에 의거했을 때뿐이다. 광기는 의식의 유희 속에서 고발되자마자 감금의 벽 속에 육체적으로 소외되며, 이것은 단번에 논쟁을 마감시킨다.

나타날 수 있고, 나타났다가 사라지고 다른 곳에 다시 나타날 수 있다. 그가 여기서 식별되자마자 사람들은 저쪽 다른 곳으로 순환시킨다. 광기는 아직도 종말론적인 초월적 실체들에 대한 우주적 계시나, 아니면 그 반대로 이성의 내재적 변증법으로 지각된다. 어디에서나 그것은 이성의 실천으로서 세계의 질서를 위협하는 항구적인 위협으로 남아 있다. 이와 같은 경험들의 은밀한 기하학은 하나의 폭발된 공간의 기하학이다. 르네상스 시대의 경험은 우선 이와 같은 구체적인 폭발이고, 광인과 그의 광기가 처한 모순적 상황들에 의해 파편화된 공간을 지칭하는 그 상상의 강박 관념이다. 광기의 나타남들이 지닌 통일성은 행위에서 분열·분할이라는 통일성이다. 그것은 구성된 지표들 아래 어떤 무한으로 향한 구멍들을 경험들의 표면에 그리는 상상력의 모호한 종합들[16]에 의해 보장되어 있다. 상상력은 분산된 존재 방식과 불확실한 위치 설정들을 광기에 강제한다. 광기는 지각의 대상이 아니라 상상력의 강박 관념이다. 그 자체로서 광기는 환원 불가능한 멀어짐 속에서 가까이 남아 있다.[17] 오직 그것이 나타나는 방식의 재구조화(폐쇄된 공간 속에 고정된 위치 설정)만이 그것으로 하여금 지각에 필요한 거리를 지닐 수 있게 할 것이다.

---

16) 푸코는 "상상의 풍경"(p.18), "상상의 초월적 실체들"(p.85 및 152), "상상의 자유"(p.91), "상상의 힘"(p.381)에 대해 이야기한다.

17) 분산되고 비(非)주제적인 이와 같은 존재 방식은 **이미지**에 의해 보장된다. 푸코는 여기서 모리스 블랑쇼에 특유한 중심 주제를 수용한다. 르네상스 시대의 비극적 경험을 요약하는 이 이미지-매혹은 사실 《문학적 공간》(Gallimard, 1995, p.25)에서 묘사되어 있었다.

고전주의 시대의 경험

르네상스는 광기를 절대적 이타성으로 상상함으로써 비극적 의식(보스의 이미지들)과 실천적 의식을 불러왔다(광인들을 배에 실어보냄). 고전주의는 윤리적 지각의 통일성을 드러내면서 광기를 비이성처럼, 다시 말해 이성의 절대적 반대처럼 이해하게 된다. 고전주의 시대의 근본적 경험은 이성/광기의 분할을 단호한 엄격함을 통해 실현시킴으로써 그것을 두 경험 영역의 절대적 분할로 갱신한다. 그러면서 그것은 한편으로 실천적 의식에 의해 지원받는 비판적 의식을 불러오고, 다른 한편으로 분석적 의식에 의해 균형이 잡히는 진술적 의식을 불러온다. 이와 같은 분할은 이론/실천의 구분을 포괄하는데, 이는 다만 외관상일 뿐이다.(p.190) 그보다 사람들은 한쪽에서는 일련의 실천들(들뢰즈 같으면 "가시적인 것들"이라 말할 것이다)로 실현되고, 다른 한쪽에서는 일련의 진술들로 실현되는 광기 의식들에 대해 이야기하게 된다. 그러나 저서의 제1부와 제2부의 분할은 원래 제목에 따라[18] 비이성(사회적 지각의 대상)과 광기(의학적 분석틀의 대상)의 분할로도 이해될 수 있다. 마지막으로 우리는

---

18) 《고전주의 시대의 광기와 비이성 *Folie et déraison à l'âge classiaque*》, Plon, 1961. 이 책은 1972년부터 《고전주의 시대의 광기의 역사 *Histoire de la folie à l'âge classique*》, Gallimard(새로운 서문이 추가됨)로 제목이 바뀐다. 텍스트는 원판과 같다(다만 마지막 장에서 니체의 《차라투스트라》에 대한 긴 주석을 제외하면 말이다. 이 주석은 2판에서 사라진다).

이 분할이 실천의 대상으로서 비이성(이 실천은 비이성을 자연에 반하는 것으로 사회적 영역에서 제외시킨다)과 지식의 대상으로서 광기(이 지식은 반대로 광기를 자연의 실증성 속에 편입시키려 한다)가 서로를 모른다는 의미에서 엄격하다고 말할 수 있다. 감금의 성채 속에 비이성을 배제하는 행동은 질병으로서 광기의 개념을 전개하는 의학적 분석들의 자세한 논지들과 아무런 충돌 없이 조직된다("감호는 (…) 전혀 의학적 행위가 아니었다(…). 반대로(…) 실제로 정신병원으로부터/에서 나온 의학적 경험은 없게 된다." p.189). 이와 같은 분할의 과도함 자체는 이 두 경험 영역 사이의 구조적 상응성들을 더욱 주목하게 만든다. 그러나 광기의 중심적 경험은 두 계열의 경험의 구조적 통일성과 구체적 분리 토대를 우리에게 전달해 주게 된다. 고전주의 시대의 이와 같은 중심적이고 근본적인 **(하나의)** 경험은 "비존재의 역설적 나타남"으로서, "이성의 공허한 부정성"(**p.**267)으로서 광기의 경험이다. 경험 영역의 엄격한 이원성(사회적 경험과 의학적 경험. "개념들"과 "실천들," "사건"과 "개념적 전개 형태" 사이에 어떠한 소통도 확립되지 않았다. p.190)은 광기의 **부정성**이라는 이 근본적 경험의 명령에 분명하게 부합한다. 이 유일한 경험만이 실천적 계열과 담론적 계열 사이의 엄격한 분리, 다시 말해 종합적인 중심으로서 고전적인 비이성의 모든 반성성을 불가능하게 만드는 그 분리의 토대를 엿보게 해준다(이 점이 의미하는 바는 모든 경험 내용이 고전주의 시대의 경우 어떤 부재에 따라, 다시 말해 감금된 광인과 그의 이론화된 광기 사이에 은밀한 대립을 유지하는 구체적인 일반성으로서 광기의 부정성에 따라 정리된다는 것이다). 아니 보다 정확히 말하면 고전주의 시대의 비이성(무(無)로서 광기)은 사회적 비이성과 의학적 비이성의 분할 **자체**이다.

우리는 여기서 잠시 멈추어 이 개념들을 다소 엄격하게 재규정해 볼 수 있다. 사실 '비이성'이라는 용어가 '광기'와의 관계에서 무엇으로 귀결되는지 아는 문제가 제기된다. 우리는 다음과 같은 세 개의 의미 층위를 구분할 수 있을 것이다.

— 비이성의 개념이 광기의 시대들의 명확한 분리를 넘어서는 관점에서 광기의 개념과 대립적으로 사용될 때(예컨대 p.378-383), 그것은 태고의 아득한 근본적인 경험으로 귀결된다(이 경험은 이성/광기라는 분할의 뿌리 자체에 위치한다). 이 경험은 거의 언제나 상상력 속에서 그것이 나타나는 표면을 찾아낸다. 그러나 이미지들의 의미는 여러 가지로 변한다(푸코는 이와 관련해 "서양의 상상력에서 가장 큰 전환들 가운데 하나"에 대해 이야기한다; p.381). 즉 16세기에는 어떤 배후 세계의 착란(보스 같은 사람의 이미지들에서 표현됨)을 의미하고, 18세기 말엽부터는 욕망의 착란(사드 같은 인물의 담론 속에 나타남)을 의미한다. 그리하여 우리는 비극적 비이성에 대해 이야기할 수 있다.

— 비이성이라는 용어는 이성/비이성의 양자택일의 항으로서 구성됨으로써 본질적으로 광기에 대한 **고전주의 시대**의 경험을 지칭한다. 그것은 이성이 비어 있는 부정성의 실증적 나타남이다. 따라서 비이성은 광기의 역사적 의미이다(더 이상 광기의 형이상학적 비의미가 아니다). 동시에 그것은 공허한 비합리성(이성

의 부재로서 비이성)으로, 그리고 우월한 합리성(비이성은 **이성의**
착란이기 때문이다. 그것이 그것 자체에 대해 간직한 진리의 측면
은 전적으로 이성의 형태들 속에서 포착된다)으로 귀결된다. 우리
는 고전주의 시대의 비이성에 대해 이야기할 수 있을 것이다.
　— 마지막으로 이 용어는 보다 엄격한 의미에서 고전주의 시
대의 경험이 지닌 실천적 측면을 지칭한다(그것은 사회적 감성의
층위이며, 정신과 풍속의 모든 교란을 수집하는 윤리적 분할에 의
해 그려진 배제의 공간을 나타낸다. 이에 대한 설명은 제1부 제3장
의 대상이 된다). 따라서 그것은 진술의 대상으로서 광기(경험의
두번째 측면)와 대립된다. 그러니까 감금된 정신 나간 자의 광기
(이론적 진술의 의학적·철학적 광기가 아니다)는 "비이성의 원리,
최초의 운동"(p.176)을 구성한다. 우리는 도덕적 비이성에 대해
이야기할 수 있을 것이다.

이번에는 이성/광기의 분할이 완성된다. 고전주의 시대의 경
계는 무한으로 향한 '접촉의 표면'으로 더 이상 나타나지 않
고, 이성과 비이성의 결정적 분리로서 나타난다. 이 경계의 의
미는 사회적 실천에서, 다시 말해 격리의 구체적 행동(감금 시
설들의 설립)에서 실현된다. 이러한 행동에서 중요하는 것은 사
회적 무질서의 의향들을 제거하는 것(비참한 사람들을 감금; 제
1부 제2장)이고, 결함들을 제거하는 것(경범죄를 저지른 사람들
의 감금; 제1부 제3장)이며, 자연에 반하는 것(une contre-nature)
을 지배하는 것(감금의 장소에서 광인들에게 한정된 특별 치료;
제1부 제5장)이다. 부정적 요소들(무질서·결함·반(反)자연)에

대한 부정적인 사회적 실천들(감금하고, 배제하고, 제거하고, 지배하는 것)의 조절은 무(無)로서의 고전적 비이성의 중심적 직관에 분명하게 부합한다. 동일한 부정적 경험이 광기에 대한 지식과 인정을 고찰하는 진술들을 대칭적으로 구조화시킨다.(제2부) 그러나 문제는 엄격하게 전도되어 있다. 즉 이제 하나의 존재(사회적 행위자)를 (배제의 실천을 통해) 부정하는 것이 아니라 광기라는 비존재(질병분류학상 달아나는 종류)를 (어떤 즉각적인 인식 속에서, 혹은 의학적인 실증적 사실들을 정연하게 분류하는 합리적 공간에서) 분명히 표명하는 것이다. 광기의 부정성은 광인에 대한 지각적(知覺的) 인정 속에서, 그리고 장애물들로부터 합리적 분류 체계 속에 광기의 형태들을 투영하는 작업으로 가는 의학적 지식의 과정 속에서 차이의 철학적 지각의 형태로 전달된다. 따라서 고전주의 시대의 분할로 볼 때, 이성/광기의 경계는 비판적 의식에는 모순으로, 실천적 의식에는 격리로(논문의 제1부), 그리고 진술적 의식에는 차이로, 분석적 의식에는 장애물로(논문의 제2부) 구현된다.

분석의 출발점은 또한 지리적이다. 왜냐하면 17세기에서 유럽 전체에 확대되는 그 폐쇄된 공간들(프랑스에서는 구빈원, 영국에서는 Workhouse, 독일에서는 Zuchthäuser)이 문제되기 때문이다("대감금"이라는 장(章)). 이러한 장소들은 감금이라는 하나의 실천을 상정한다. 비참한 사람들(따라서 동일한 추방 속에서 붙잡힌 광인들: "중세의 자비로 볼 때, 그[광인]는 비참의 모호한 힘에 참여하고 있었다; p.74)의 갑작스러운 수용은 광기에 대한 새로운 의식을 전제한다(감금의 실천은 광기에 대한 고전주의 시대의 경험의 가장 현저한 구조"에 불과할 뿐이다; p.59. 따라서 그 자체로서 그것은 여전히 **표면의 현상**이다). 이제 광인에게 그의 '자연적인 장소'로서 지정되는 것은 성문 밖이나 물이 아니라 '종합병원'이다. 그는 더 이상 배에 실리지 않고 감금된다. 이와 같은 감금은 중세의 황량한 나환자 수용소들을 부분적으로 재투자한다. 이러한 구체적인 지리와 더불어 비이성의 세계가 물려받는 것은 상징적 가치들이다. "엄밀하게 정신병원은 도덕적 세계의 풍경들에서와 마찬가지로 자주 드나드는 장소들의 지리에 있어서 나환자 수용소의 위치를 차지한다."(p.84) 나병과 그것의 저주받은 장소들에 대한 이야기는 중요한 전략적 역할을 한다. 그것은 최소한의 서술적 세포와 같은 것으로서, 고전주의 시대의 비이성에 적용되고, 이윽고 근대의 정신병에 적용되는 의례적 배제의 첫 사례를 구성한다. 이 배제는 '비인간적인' 것으로 규정된 하나의 사회적 집단을 지시하는 행위로 기술될 수 있다. 그것은 엄격하게 분리된 하나의 공간을 그 규탄된 소외 집단에 지정하는 행위이다. 또 그것은 수용된 집단에게는 보다 차원 높은 구제를, 수용시키는 집단에게는 완전한 안전을 보장하는 것이다. 여기서 사례로서 나타나는 것은 시대들을 가로질러 내용은 변하지만 부동한 것으로 남게 되는 하나의 순수한 "형태"(p.16)이다(왜냐하면 그것은 나병 · 성병 · 비이성 · 정신병을 차례로 맞이하기 때문이다).

　1656년 구빈원에 감금하는 사건은 사회적인 절대적 명령으로 피상적으로 이해될 수 있다. 교회의 구호적 가치들(가난한 자들을 돕는 것)과 부르주아 세계의 질서적 가치들(방황하는 비참한 자들을 관리하는 것; p.60-64) 사이의 타협으로 말이다. 또 실업자들의 유통을 통제함으로써 생산과 가격의 상업적 조절로(p.77-82), 나쁜 삶을 사는 사람들을 교정하고 갱생시키는 일로, 교란적 요소들을 법률적 통제(왕의 봉인장) 없이 즉각적으로 제거하는 일로(왕의 독단에 따라서, 혹은 가족의 통제에 따라서 말이다; p.63) 이해될 수 있다. 이 모든 것들은 모두 감금을 군주제적·부르주아적 질서의 상징으로, 혹은 비사회적 존재들을 제거하는 맹목적 기계 장치로 보는 설명들이다. 그렇다 해도 어떠한 의학적 지평도 이와 같은 실천들의 영역에서 그려지지 않는다("구빈원은 어떠한 의학적인 관념과도 연결되지 않는다." p.61). 그러나 이러한 설명적 도식들은 별로 적절하지 않다. 왜냐하면 푸코는 감금을 오로지 사회적 목적으로 환원시키는 것을 거부하고, 그러한 실천들로부터 그것들이 둘러싸고 있는 광기에 대한 의식들로 거슬러 올라가고자 하기 때문이다. 사실 푸코는 "이러한 실천이 포함하고 있는 의식의 형태들"(p.188)을 분석하고 싶다고 말한다. 그는 감금이 이성/비이성이라는 배타적인 대립에 대한 의식의 "제도적인 표현"(p.144)이라고 단언한다. 또한 그는 구빈원들의 설립을 고찰하면서 "어떤 사법적 의식이 이러한 실천들을 부추길 수 있었는지"(p.59) 자문한다. 사실 **객관적인** 설명들은 결과인 것을 원인으로 상정한다. 왜냐하면 일단의 사람들을 공적 공간으로부터 내쫓기 위해 규탄하는 행동은 그들을 유배시키기 전에 생기게 만들기 때문이다. 그러한 감금 행위, 그리고 그것이 상정하는 구체적인 사회적 영역의 재구조화는 낯선 자의 특징들을 그려낸 후에 비로소

그로부터 벗어난다. 사람들은 비사회적 존재를 제거하겠다고 하기 전에 그의 모습을 확보한다. 이것이 의미하는 바는 처음에 사회적 규범들의 영역 위에다 일정 수의 행위들을 일탈로 기록하는 어떤 지각이 분명하게 필요했다는 것이다. 어떤 사람들이 통합될 수 없다고 해서 감금되는 것이 아니며, 처음에 어떤 지각이 통합되지 않은 자들로 나타나는 집단을 사회적 기반 위에 위치시킨다. 사회적 실천의 토대로서 어떤 '지각'(혹은 '감성' 혹은 '의식')의 이와 같은 입장("수용은 심층에서 이루어지는 이와 같은 작업의 현상에 불과하다." p.96)은 그 어떠한 역사적 유물론과도 거리가 멀다. 하나의 객관적인 분야가 사회적 요소들과 비사회적 요소들을 이해하기 전에 존재하는 것은 사회적 분할선을 그리는(그리하여 비사회적인 자의 모습 자체를 창조하는) 그 쪼갤 수 없는 행동이다. 특히 새로운 지각의 분절하는 선들이 있는데, 이 지각이 자신의 조국에 낯선 이방인들을 본다(그리고 그것이 이방인들을 만들어 낼 때 그들을 발견한다고 생각한다). 푸코는 공리적이고 객관적인 설명에 반대한다는 자신의 입장을 밝힌다. 사람들은 마치 (주민의 실질적인 주변부이자 구체적인 사회적 범주로서) 비사회적 존재들을 객관화시키는 실천들에 앞서 존재하는 것처럼 그들을 제거하기 위해 감금한다는 것이다. 그러나 푸코가 볼 때, 감금의 실천과 같은 사회적 실천은 이전에 존재하는 어떤 사실상의 상태에 대한 소외적 제재(사회에 통합될 수 없는 사람들이 있다. 따라서 그들은 감금된다)가 전혀 아니라 소외를 만들어 내는 진원지이다. "아마 그 행동은 다른 깊이가 있었을 것이다. 그것은 습관적으로 너무 오랫동안 따돌림당했던 인정받지 못한 이방인들을 고립시키는 것이 아니었다. 그것은 사회적 풍경에 익숙한 얼굴들을 변질시켜 아무도 더 이상 알아보지 못하는 이상한 모습들로 만들기 위해 이방인들을 만들어 냈다(…). 한마디로 말해서 우리는 이 행동이 소외를 창조했다고 말할 수 있다.”(p.94) 푸코는 사회적 본질들(이것들은 실천의 원인이라기보다는 결과들이다)을 문제삼는 메커니즘들에 추상적으로 준거하는 것을 반대하고, 구성적 의식들에 진정으로 도움을 청한다. 경계들의 이동이 새로운 지역들을 창조하듯이, 고전주의 세기에 지각 영역의 재분절은 이전에는 ‘보이지 않았던’ 새로운 사람들, 즉 비이성적 인간들이 나타나게 한다(이는 그들을 이윽고 구빈원의 벽 안에 소외시키기 위한 것이다).

그러나 전대미문의 새로운 경계선들과 분할선들을 설정함으로써 고전주의 시대에 변하는 것은 어떤 **경계**(한계)의 의미 자체이다. 사실 고전주의 시대의 사회적 감성이 지적한 행실들 전체는 그 이전 시대에 의해 이미 부분적으로 윤곽이 그려졌다. 그러나 이 시대는 그것들에 다른 의미를 부여했다. 그런 행동들은 종교적인 측면으로 귀결되었다. 고전주의 시대에 이러한 경계는 반대로 엄격하게 세속적·사회적·도덕적 해석을 부여받는다. 사람들은 예전에 신비주의적 초월체들의 대변자들(빈자들과 광인들)을 보거나 불경한 신성 모독자들(방탕자들, 불경한 자들, 무신앙인들)을 보았던 곳에서 이윽고 불안을 일으키는 자들과 나쁜 생활을 하는 사람들만을 보게 된다. 그들은 나쁜 백성이고, 감금해야 할 사람들이라는 것이다. 게다가 (예

전에 사람들이 '다르게' 보았던 곳에서) 이와 같은 지각적(知覺
的) 재구조화가 이루어지는 것을 기회로 윤곽이 그려지는 집단
은 이 집단을 추방하는 유일한 행동의 관점에서 보면, 지정된
장소(구빈원)가 획일적인 만큼이나 분할 불가능하다. 그것은
그것을 소환하는 의식으로 보면 교정해야 하는 '결함들'의 지
대, 없애야 하는 교란의 진원지를 나타낸다. 부정적 요소들의
제거는 감금을 통해서, 다시 말해 "중립의 지대, 백색의 페이
지 속에"(p.90) 배제를 통해서 구체적으로 실행된다. 사회적
공간은 분열되어 어두운 지대들, 금지의 해안가들을 자신 안에
파놓는다. 고전주의 시대의 경험이 드러내는 기하학은 분할된
공간의 기하학이다. 그러나 위반해서는 안 되는 질서의 두 해
석에 부합하는 두 개의 선이 겹치는 현상이 존재한다. 첫번째
선(감금의 역사적으로 최초 의미에 부합함)은 이 질서를 재화와
부를 유통시키는 노동 경제 공동체 쪽에 위치시킨다(무위/노동
의 분할). 두번째 선은 그것을 부르주아 가정 쪽에 고정시키는
데, 부르주아 가정은 성적·종교적·사변적 행실들을 정확히
교정하는 가운데 규정하면서 진정한 가치들을 담지하고 있다
(이성/비이성의 분할).

　첫번째 분할(최초로 수용된 집단: 비참한 사람들)은 거지들·
방랑자들·비참한 자들·실업자들·부랑자들 등과 같은 적대
적 요소들을 지정하는 적극적 인간들의 공동체를 기준의 실증
적 중심으로 삼는다. 비참한 사람들은 르네상스 시대와 달리,
불안케 하고 죄의식을 느끼게 하는 신비주의적 실증성을 더 이
상 띠지 못한다. 그들은 가능한 무질서의 진원지이다. "따라서

비참을 덜어 주는 행동을 통해 그것을 더 이상 찬양할 수 없으며, 단순히 그것을 없앨 수 있을 뿐이다."(p.69) 사람들이 교회의 가르침에 따라 그들(비참한 자들)을 계속해서 도와야 한다면, 공공 질서를 보호하기 위해 그들을 수용하는 임무를 띠게 되는 것은 국가이다. 빈곤은 자비의 초월적 변증법을 통한 구원의 문제가 더 이상 아니고, 공적인 일들의 내재성 속에서 전개되는 문제이다. 위기의 시기들 동안 실업자들을 가두는 장소들만큼이나 감금의 장소들을 만드는 것도 유사한 관심사이다. 이러한 폐쇄된 장소들은 결국 많은 경우에 있어서 사회적 낙오자를 노력이라는 속죄적 대법칙에 종속시키는 강제 노역의 중심지들이 된다. 세 개의 인간 집단이, 타자 얼굴의 윤곽을 그리는 생산적 부르주아 세계의 대(大)추방은 세 개의 인간 집단, 즉 비참한자들, 실업자들, 그리고 한가한 자들을 지정한다. 분할의 엄격함은 성급한 도덕적 종합과 특질들의 통제되지 않은 이동을 허용한다. 그리하여 사람들은 궁핍과 게으름, 실업 상태와 나태, 경제적 문제와 도덕적 문제를 혼동한다. 아직은 비참의 운명과 결합된 운명을 지닌 광기는 상상적 초월체들을 예고하는 것으로 더 이상 지각되지 않고, 노동의 구속 요소들에 반항하는 것으로 지각된다.

관례상 감금의 법령이 표적으로 삼는 사람들은 지배적 사회 집단에 끊임없이 더 대립적인 위치에 서게 되며, 이 지배 집단은 더 이상 노동자들의 사회와 동일시되지 않고 부르주아 가정과 동일시된다. "가정 제도는 이성의 순환고리를 그린다."(p. 104) 그리하여 정직한 성생활, 정통적인 종교적 행동, 보수주의적인 사고의 규범들을 위반하는 행동들 전체가 단죄된다. 정직한 부르주아 가정의 도덕적 부정인 비이성의 세계는 가정(혹은 직접적인 이웃들)이 감금케 하고자 하는 사람들을 포함하게 된다. 왜냐하면 그들은 파렴치하다고 판단되는 성욕(방탕, 동성애, 고백할 수 없는 관계, 수치스러운 결혼들)을 나타내고, 기독교에 반하는 행동들(신성모독, 마법 그리고 요술)에 빠지기 때문이다. 끝으로 비이성의 세계는 보수주의자들이 규정한 한계를 넘어서 사유의 모험을 펼치는 사변적 무신앙가들을 포함한다. 결국 이들은 푸코가 "경범죄자들의 세계" 속에 집결시키는 사람들이다.(제3장) 문제되는 것은 르네상스 시대에 이미 규탄된 행실들이다. 그러나 그것들은 도덕성에 반대되는 행실이 아니라 신성 모독적인 태도로서 배척되었다. 위반에 대한 이와 같은 세속적 해석에 입각해 이러한 행동들은 교정을 부르는 나쁜 삶의 신호로서 강력하게 진압된다. 사람들은 그들이 제거하고자 하는 무질서(정신이나 풍습에 무심하게 보이는 무질서), 없애고자 하는 결함들, 교정하고자 하는 과오들의 지대를 표적으로 삼는다. 그것들은 신성을 해치는 범죄들이 더 이상 아니다. 그것들은 미풍양속과 기본적인 사회적 규범의 위반이다. 푸코는 성적 행동들·신성 모독들·무신앙과 관련해 끊임없이 동일한 분석을 연장한다(cf. "이제 탈신성화된 남색." p.103; "마법은 신성 모독적인 모든 효율성을 상실하고 껍데기만 남았다." p.107; "무신앙은 더 이상 죄가 아니다." p.113). 금지된 행동들의 영역은 성스러운 것의 힘과 위반의 어두운 지배력 앞에서 불안에 의해서, 그리고 고전주의 시대에는 미풍양속의 규칙에 민감한 양심적인 감성에 의해서 원초적으로 한계가 설정되었다. 근대에서 그것은 그 속에서 자연적인 결정론들의 유희를 보고자 하는 실증과학들에 의해 포위된다. "아마 예전에 신성한 것이었던 것의 도덕화를 토대로 인간과학을 성립시킨 것은 지난 3세기 동안 변화를 겪어 온 서양 문화일 것이다."(p.109) 동일한 내용 전체가 중세에서 근대까지 신성 모독으로, 도덕적 과오로, 질병으로 계속적으로 해석된다(세속적인 것과 성스러운 것, 합리적인 것과 비합리적인 것, 정상적인 것과 병적인 것의 경계를 통해서 말이다). 고전주의 시대가 그어 놓은 분할선은 또한 표명된 배척의 통일 속에 관용적인 도덕적 종합들을 허용한다. 여기서 그 비이성적 행실과 동일시된 광인은 도덕적 타락의 모습을 띤다. 구체적인 얼굴들(난봉꾼 · 탕아 · 창녀 · 요술쟁이 · 무신앙가 등)로 가득한 비이성의 세계의 그물 속에 갇힌 광기는 이해 방식이 바뀐다. 그것은 강박 관념(형태들이 해체되는 세계의 그 혼돈적 바닥에 대한 상상적인 강박 관념)으로, 혹은 이성의 회의적 유희에서 변증법적 애매함으로 더 이상 느껴지지 않는다. "수용이라는 그 유일한 운동을 통해서 비이성은 뽑혀지는 상황에 처한다. 그것이 항상 존재했던 풍경들로부터 뽑혀진 것이다. 따라서 그것은 이제 위치가 탐지된 것이다. 그러나 동시에 그것은 그것의 변증법적 모호성들로부터 뽑혀져 나왔고, 이와 같은 조처를 통해서 구체적인 존재로 윤곽이 잡힌 것이다. 이제 그것은 지각의 대상이 되기 위해 일정한 거리가 취해진다."(p.117) 그것은 감금이 파놓는 이 거리를 통해서 도덕적 지각의 대상이 되며, 도덕적 지각은 직접적이고 민감하게 존재하는 모습으로 그것을 지정한다. 정신 현상의 과학은 모든 도덕적인 선험적 추리의 객관성을 정화하는 데 분명 불필요하게 온 힘을 소모한다. 왜냐하면 또한 심리학적인 에고의 경우에서도 배척의 일정한 거리가 그것의 초월적인 영역을 규정하기 때문이다.

광인의 감금은 공통의 지리적 지정을 통해서 그가 비이성적 인간들과 새롭게 동일시되고 있음을 충분히 지시한다. 하나의 윤리적 지각이 그에게 계시체의 구실을 한다("정신이상자들"이라는 장). 광기는 질병이 아니라 나쁜 의지이다. "결국 광기의 비밀은 의지의 특질 속에 있지 이성의 온전함 속에 있는 것이 아니다." (p.151. 그렇기 때문에 고전주의 시대에 광기는 그것의 "희생물"이 되는 주체를 절대적으로 무죄로 만들지 않으며, 언제나 동시에 과오이고, 죄이며, 거짓이다.) 이성 자체가 그렇듯이[19] 비이성은 윤리적 선택의 개시로부터만 가능하다. 그것은 비도덕적인 것일 뿐더러 비도덕적성을 선택한 그 무엇이다. 그러나 이번에는 감금의 장소들 내부에서 특수한 실천이 광인을 표적으로 삼는다(공적인 공개——"광기는 보아야 할 것이 되었다." p.163; 그리고 "비인간적인" 취급, p.163-166). 이러한 취급은 광인을 '동물성'으로 보는 지각에 따른 것이다. 왜냐하면 광기의 선택은 광인을 비인간성의 외적 변두리로 던져 버렸기 때문이다(동물성은 인간 안에서 "그의 본성이 지닌 한계"이다; p.166, 주) 1, 이러한 "한계는 우발적이지 않지만 본질적"이다; p.172).

---

19) "고전주의 시대에 이성은 윤리의 공간에서 태어난다."(p.157) "이성/비이성의 분할은 주체의 가장 본질적이고, 어쩌면 가장 책임 있는 의지로부터 출발하는 결정적인 선택으로 완성된다."(p.156)

그리하여 고전주의 시대의 경험이 지닌 중심적 직관에 따라 이 한계는 타자적 힘들로 더 이상 열리지 않고 부정적인 것으로 열린다("동물성은 부정성으로서 지각되었다. 하지만 이 부정성은 자연적이었다." p.169. 폭발한 자유의 형태로 표현되는 동물의 이와 같은 부정성은 자연적 메커니즘들의 필연성이라는 범주 속에서 광인과 동물을 일치시키는 근대적 동일화와는 반대된다). 인간 안에 감추어진 동물성의 현존은 르네상스까지 인간을 "악의 은밀한 힘들"(p.169)에 결합시킨 것이었다. 고전주의 시대에 "인간 안에 있는 동물적인 것은 어떤 초월을 지시하는 가치를 더 이상 지니지 않는다."(p.166) 그것은 광인의 짐승성이다. 파괴와 격분의 무한한 지배하에 있는 어떤 폭발된 자유이고, 자연적 질서를 폭력 속에 해체시키는 광포한 반(反)자연이다. 광인의 동물성은 그 안에 있는 반자연을 지시한다. 광인이 나타내는 동물성에 토대한 인간성의 이와 같은 직접적인 분절은 "비이성의 항구적인 **가능성**"(p.176)을 열어 놓는다. 과연 비이성이 나타내는 것은 존재의 진리 밖에 절대적 은거 속에 위치할 수 있는 본원적 가능성이다. 비이성이 빠질 수 있는 이와 같은 위험("구현된 이성의 절대적 한계")은 고전주의 시대로 보면 광기를 단순한 심리적 소외로 귀결시키는 어떠한 환원도 막는다. "그러한 조건들 속에서 어떻게 고전주의 시대에 비이성은 하나의 심리적 사건에 따른 것이거나, 나아가 인간적 비장함에 상응하는 것일 수 있겠는가?——사실 그것은 세계가 그 자신의 진리에 태어나는 요소를 형성하고, 이성이 그 스스로를 책임져야 할 울타리의 영역을 형성하는데 말이다."(p.175) 광기는 절대적 은거의 가능성을 입증하지만, 사람들은 이성이라는 고요한 요소 안에서 존재의 진리에 접근하자마자 오래전부터 이미 이 절대적 은거로부터 벗어났다. 그러나 이와 같은 근본적 배척은 광기를 이성의 부정적 원리로 구성하고(광기는 인간이 합리적인 존재로 구성되기 이전에 아직도 자신의 부정적 동물성과 접촉하는 지대, 분할 이전의 그 지대를 지시한다), 비이성의 실증적 원리로 구성한다(인간이 자신의 모든 도덕적 결함들에 대해 죄의식을 느낄 수 있는 것은 자신 안에——진정한 존재의 결함으로서——동물성과의 이러한 유기적 연결이 자신 안에 존재하기 때문이다). 그러나 광인이 동물성과 겹친 인간성의 그 주름이 순수하게 나타나는 현상인 한에서 그는 순진무구함의 괴물적 형태들과 관계된다. 그는 죄의식의 원리의 구현(그 자체로서는 순진무구한 구현)이다. "그(광인)는 전체가 궁극적 타락이자 절대적인 순진무구함이다."(p.173) 따라서 광인은 무엇보다도 금지된 그 지대의 내부에서 격렬하게 고양되고 비이성적 죄를 짓는 세계의 동인으로서, 그리고 반자연·동물성·부정적 자유로서, 악덕의 자유와 더불어 동시에 단죄되는 상황에 처한다(광인은 비이성의 순진무구한 근원이다).

구빈원에의 감금은 어떠한 의학적 가치도 없다. 비이성에 대한 사회적 의식에는 정신의학적 수용에 대한 막연하나마 어떠한 예감도 없다. 구빈원에 의사들이 있는 것은 경범죄를 저지른 자들을 치료하기보다는 국민 건강을 보호하기 위해서이다. (p.128) 그러나 17세기가 한창인 때 질병으로서 광기에 대한 경험이 발견될 수 있다. 광인들은 치유될 수 있다고 인정되는 범위 내에서 시립병원에 수용되어 치료를 받는다("광기에 대한 경험"이라는 장). 이는 근대의 전조적 징후이며, 감금의 맹목적인 몽매주의와 대립되는 훌륭한 전조인가? 그러나 환자로서 광인은 고전주의 세기의 창조된 것이 아니다. 중세의 말엽부터 광인은 이미 인물로서 고립되어 있으며, 아마 아랍 문화의 영향 때문이겠지만 의학적 인본주의가 내세운 도움의 대상이다. (p.133-135) 엄밀하게 고전주의 시대의 경험(광기에 대한 정신의학적 지각을 위한 토대를 다지는 경험)은 광인을 비이성적 모든 인간들과 혼동함으로써, 그가 중세 동안 획득했던 그 의학적 개별성을 분명하게 그에게서 박탈한다. 시립병원은 지난날에 광기를 의학적으로 포획했다는 사실의 증언-흔적에 불과하며, 이 사실은 경찰 행위와 나란히 존재한다. (광기의 인정이 의학적 진단을 요구할 때) 이러한 의학적 실천은 로마법과 교회법을 통해 전수된, 광기에 대한 해묵은 법률적 의식과 결부된다. 그것은 주체의 법적 능력의 정도를 측정해 주고, 시민의 자유와 관련된 세밀한 범주들이 구상되는 장소이다.

이번에는 광인에 대한 지식과 인정의 문제들은 각기 광기에 대한 진술적 의식과 분석적 의식을 끌어들인다(논문의 제2부). 이 두 경험은 대칭적 구조를 이룬다. 인정(본질들로서 이성과 광기의 철학적 문제)의 경우는 광기를 규정하는 것이 이론적으로 불가능하다는 고백에 입각해 광인에 대한 구체적 지각이 문제가 되며, 지식(광기의 자연적 종류들의 합리성이라는 의학적 문제)의 경우에 문제는 광기를 실증적으로 규정하는 것이지만, 구체적 인물로서의 광인이 고려되지 않고 질병의 추상적 분석틀에 입각해 규정되어야 한다. 이러한 두 계열은 여전히 고전주의 시대의 근본적 경험(비존재의 역설적 나타남으로서 비이성)이 지닌 권위에 따라 정돈되며, 이 경험은 진술들의 검토를 통해서 보다 "읽기 쉽도록" 드러나게 된다.(p.192)

18세기의 철학자들은 그들이 보기에 이해할 수 없는 이성/광기라는 분할을 사변적 차원에서 작동시키는 것을 단념하는 바로 그 시점에 광인을 직접적으로 식별한다. 광인이라는 민감한 존재는 광기에 대한 이론의 부재를 배경으로 부각된다. (p.194-198) 철학적 인정의 구조는 이러한 역설을 해결한다("정신착란의 초월성"이라는 장). 일차적으로(푸코는 다시 한번 데카르트의 《성찰》을 인용한다; p.199), (합리적인 것의 규범으로서 이성이 내세워짐으로써) 광기에 대한 대립은 직접적이다. 광기 합리적 주체로서의 나의 확신들에 대한 모순으로서 느껴진다. 광인은 **이성을 상실한** 사람이다. 이처럼 파여진 거리는 하나의 빈 공간을 전달하며, 이 공간으로(이번에는 판단의 합리적인 원리로서 이성이 내세워짐으로써) 차별적 기호들이, 다시 말해 합리적인 존재가 되지 않은 그 많은 방식들을 식별할 수 있는 소박한 단위들로 나에게 객관적으로 제시하는 기호들이 편입되게 된다. 부정적 거리(비이성)는 나의 판결적 이성이 확립하는 차별적 지표들에 의해 메워진다. 따라서 우리는 철학적인 지각 구조의 구조화 자체 안에서 비이성에 대한 고전주의 시대의 경험을 다시 만난다. (광기의 즉각적으로 식별할 수 있고, 차별적인 현저한 기호들——차이가 나는 자로서 광인——로) 나타나는 것은 부정성(광기에 대한 이론적 규정의 총체적 부재, 광인——대립자로서 광인――이 아니다는 합리적 의식에 의해 열려진 심연)이기 때문이다.

이번에는 광기를 야기하는 원인들의 지정(p.226-250)이 가까운 원인들(뇌의 해부)과 먼 원인들(환자의 개인사로부터 우주의 무한한 운동들까지 모든 영향들을 망라하는 원인들)의 구분에 따라 이루어진다. 이와 같은 이중적 인과 체계의 통일화는 영혼과 육체의 환원 불가능한 혼동 지점으로서의 '정열'의 차원에서 이루어진다. 그러나 여기서는 아직 광기를 **가능하게 만드**는 조건들의 진술된 내용만이 있다. 광기가 적극적으로 이루어지는 순간은 다만 **언어**에 입각해서만 개입한다. 나는 내가 죽었다고 생각하지 않는 한 미치지 않았다(이런 현상은 모든 사람들의 꿈에서 일어난다). 그러나 내가 죽었다는 것을 긍정한 채 죽은 자들은 먹지 않는다는 사실을 내세우면서 먹는 것을 거부한다면, 나는 미친 것이다. "이러한 근본적 담론은 광기의 문들을 연다."(p.254) 광기는 망상적 표상들의 핵을 중심으로 한 논리적 추론의 조직화이다. 우리는 언제나 모든 광기의 중심에서 몽환적 이미지들, 비현실적 유령들과 논리적 형태들을 유기적으로 연결하는 담론의 공허한 구문을 발견한다. "**언어는 광기의 처음이자 마지막 구조이다.** 그것은 광기를 구성하는 형태이다."(p.255) (강박적인 행동까지 형성하는) 착란은 고전주의 시대의 고전적 경험에서 광기의 원리 자체로 나타난다. 그것은 영혼에도 육체에도 속하지 않고, 그것들의 관계에 맹렬하게 리듬을 준다. 광기가 그것의 언어와 맺는 이와 같은 유기적 관계는, 푸코에 따르면 고전주의 시대의 경험과 정신분석과의 관계를 성립시킨다. "프로이트에게 공정하다는 것"(p.360)은 푸코가 볼 때 그가 광기를 그것이 말하는 것을 통해 이해하고, 그것을 원초척으로 '착란'으로 규정하는 고전주의 시대의 전통을 부활시키고 있다는 점을 인정하는 것이다. 미친다는 것은 논리적 명제들을 비현실적인 이미지들로 채운다는 것이며, 담론적인 명료함으로 비존재를 진술하는 것이고, 아무것도 아닌 무를 나타내는 것이다. "시각과 눈멂, 영상과 판단, 환각과 언어, 수면과 깨어 있음, 밤과 낮을 경합시키면서 광기는 결국 **아무것**도 아니다. 그러나 그것의 역설은 이 **아무것**도 아닌 것을 **나타내는** 것이며, 그것을 기호 · 말 · 동작으로 파열시키는 것이다."(p.261) 우리는 이성이 비이성 속에서 그것의 가장 가까운 것과 가장 먼 것과 다시 만날 수 있다는 점을 이해하게 된다. 비이성은 이성의 자체의 얼굴이 지닌 윤곽을 통해서 전달된 이성의 부정인 것이다. 언어의 태양에 제시된 어두운 비의미로서 비이성은 **눈부심**(éblouissement)으로 기술된다. 광인은 시각을 잃은 게 아니다. 그는 눈이 부신 것이다. 그는 보지만, 그가 보는 것은 정확히 아무것도 아니다. 빛만이 그를 눈멀게 한다. 요컨대 이것이 광기에 대한 고전적 경험, 다시 말해 정신이상자들의 감금 행위와 광인이라는 인물에 대한 지각적 의식이 비록 간접적이긴 하지만 구현했던 경험의 구조로서 분명하게 진술되는 것이다(푸코는 《앙드로마크》에 나오는 오레스트의 마지막 말을 인용한다).

푸코는 다시 한번 질병분류학적 범주들의 차원에서 논증을 개시한다("광기의 형상들"이라는 장). 광기의 종류들을 특징짓는 작업은 특히 '광란 상태'라는 범주의 경우 '아무것도 아닌 것'으로서의 광기에 대한 직관의 요구들에 항상 따른다. '조광증'과 '우울증'은 원소들의 상상적 논리에 따라 정돈된다(따라서 푸코는 바슐라르의 분석들과 접근되는 연구 스타일을 발견한다). 반면에 '히스테리'와 '히포콘드리'의 그룹은 19세기의 정신의학이 매우 잘 다룰 줄 알게 되는 의학적 진단으로 도덕적 가치들이 침투하는 것을 보장해 준다.

광기에 대한 근대적 경험의 탄생

근대적 경험은 광기를 정신병으로 해석하고, 수용 지대로서 정신병원을 그에게 제시한다. 그것이 실현되기 위해서 그것은 광기에 대한 의학적 반성을, 즉 감금 이후로 그것이 비참 및 비이성의 세계와 맺어진 유사성을 가로막는 혼동들이 풀리는 것을 전제한다. 그것은 그것이 아닌 것으로부터 해방되어 나타나게 된다. '다른 것'으로서의 광기에 대한 이와 같은 부정적 지각은 하나의 구체적인 여건, 즉 18세기말부터 "오직 정신이 상자들만을 수용하게 되어 있는 일련의 시설들"(p.404, cf. "작은 보호소들")이 문을 연다는 사실과 유기적으로 연결된다. 게다가 의학적 대상으로서 광기의 실증적 위상은 또한 객관성의 형태들로 소외시키는 일련의 실천적 행동들을 전제한다. 따라서 광기에 대한 의식은 우선 비이성의 의식으로부터 점차적으로 벗어난다(이미 "광인이 다시 사회적 인물이 되는 것은 대감금 이후로 처음 있는 일이다." p.373. 예컨대 라모의 조카는 유형

(type)으로서 정신이상자의 이와 같은 재탄생을 예시해 준다).

　18세기말에 "감옥들의 열병"이 원인이라고 고발되는 전염병들이 퍼진다("대공포"라는 장). 의학적 세계와 비이성의 세계 사이의 종합은 여기서 공포에 대한 환각들(fantasmes)의 특징을 띠고 이루어진다(의사는 수용된 자들을 치유하기 위해서가 아니라 다른 사람들의 건강을 지키기 위해 부름을 받는다; p.377-378). 그것은 개념적 진보나 발견을 기회로 이루어지는 것이 아니라, 조상 전래의 상상적 구조(끝없는 전염에 대한 가장 오래된 강박 관념)가 되살아남으로써 실행된다. 이러한 현상은 망각되고 묻혀졌다고 생각되었던 것, 즉 비이성의 상상적 풍경들을 다시 나타나게 만든다. 그것들은 무서운 금지된 형상들이지만, 이번에는 르네상스 때처럼 심연의 가장자리로 떠올라 파괴되려고 하는 하나의 세계를 더 이상 나타내는 것이 아니라, 사드 같은 인물에 의해 그 착란적 힘이 전개되는 본질적으로 인간적인 하나의 욕망을 나타낸다. 그리하여 공포가 낳은 환각들은 비이성의 상상적 의식을 부활시키고, 그것에 감각들의 광포한 방종이라는 점점 더 미분화된 얼굴을 부여한다. 이와 **나란히** 광기에 대한 특수한 두려움이 퍼진다(사람들은 '신경 질환들' 의 증가에 대해 이야기한다). 이번에는 광기가 완벽해진 문명의 산물로서, 너무 매개화된 외부 환경의 결과물로 주제화되며, 이것들은 모두 부정적인 것들로 그 안에서 인간은 자신의 직접적인 진리를 상실하기에 이른다는 것이다. 따라서 태곳적 권위를 되찾는 하나의 비이성에 대한 확산된 상상의 공포는 기술적(技術的)인 소외에 대한 비판의 범주 내에서, 역사에 연동된 어떤 광기에 대한 특수한 두려움들에 대립한다. 두 의식의 이와 같은 도출[20]은 감화원들 내에서 감금의 경찰적 범주들의 차원에서 구체화된다. 비이성의 인간들을 규정짓기 위한 '방탕'에 대한 전반적 두려움에 대립하는 것은 소외된 자들을 행실의 위험 정도, 언설의 의미 정도에 따라 차별화시키는 분류들, 뉘앙스를 고려한 그런 분류들(광포한 자, 얼간이, 정신 나간 자, 소외된 자[21])이다. "조직 원리들——삶과 죽음, 의미와 비의미——은 그런 범주들이 18세기 내내 대략적으로 유지될 수 있을 만큼 충분한 일관성을 지니고 되돌아온다."(p.412) 그런데 이와 같은 새로운 관심의 의미는 무엇인가? 그것은 불안한 배려보다는 공포스러운 거리두기의 의미이다. 18세기에 통용되는 구금의 정치적 비판은 광인이라는 인물의 통일적인 모습을 끌어낸다("새로운 분할"이라는 장). 그러나 사람들은 순진한 광인들이 타락한 범죄자들과 뒤섞여 있는 것을 보고 분노하지 않는다(19세기의 박애주의적인 후덕한 의사들처럼 말이다). 진정한 스캔들은 단순한 방탕자들을 난폭한 광인들과 혼동하는 것이다. 광기를 제도에 대한 비판의 범주 내에서 고립시키는 것은 주의 깊은 인본주의

---

20) 푸코는 여기서 매혹/지각의 구분을 다시 끌어들인다(우리는 이 구분이 르네상스 시대의 비이성으로부터 고전주의 시대의 비이성으로의 이동과 일치하고 있음을 보았다). 비이성이 "점점 더 매혹의 단순한 힘이 되고" 있을 때, "반대로 광기는 지각의 대상으로 정착한다."(p.408)

21) 광기의 형태들을 분류하는 이와 같은 작업은 감금된 광기의 실천적 경험으로부터 태어났는데, 종류로서의 광기에 대한 자연주의자들의 이론적 노력과 언제나 나란히 실현된다. 그리하여 "고전주의 시대의 정신의학"의 개념들은 결국 경험의 이러한 두 본질 사이의 타협에 불과하게 된다. (p.413-414)

가 아니라 스캔들화된 혐오이다. 이와 같은 행위를 비판받을 만하게 만드는 것은 광인들의 (정당화된) 감금이 아니라 이성적 인간들의 감금이다. "역설적인 고리를 통해서 광기는 결국 감금의 유일한 이유로 나타나고, 이 감금의 심층적인 비이성을 상징한다."(p.421)

끝으로 우리는 감금의 근본적 정당화가 (구호 활동과 진압을 결합해) 비참을 줄이겠다는 사회적 계획의 실현 속에 있다는 점을 기억한다. 그런데 (18세기를 뒤흔드는 커다란 경제적인 위기들을 기회로) 점점 더 분명하게 나타나는 점은 실업이 무위도식하는 생활의 논리적 결과로서 이제는 그처럼 빨리 비난될 수 없다는 것이고, 가난이 "소통 잘되는 곳에서" 활용되기만 한다면 부의 요인이 될 수 있다는 것이다. 시장 변동에 제공되는 방황하는 대량의 노동력으로서 말이다.(p.427-431) 고전주의 세기가 추방했던 가난한 사람은 부의 잠재적 원천으로서 경제적 공동체에 통합되는 처지가 된다. 불쌍한 환자만 남는다. 그만이 공적이라기보다는 사적인 조처들(이 조처들에서 이웃 관계, 마음에서 우러나오는 자발적이고 일시적인 운동들이 역할을 하게 된다)에 의해 형태들이 정해지는 구호의 혜택을 입게 된다. 이제부터 파편화되는 사회적 공간이 재조직된다. 푸코는 "각각의 비참이 각각의 인간에 관계되는 동질적인" 사회적 공간(위에 고전주의 시대가 끝날 때까지 이 공간에 가난한 자는 위치한다) 위에 "이를테면 희생의 경제에 따라 파편화된"(p.436-437) 사회적 경제를 대립시킨다. 예전에는 출신이 어디이든 가난한 사람들 모두가 받아들여졌다. 이제 그들은 건강하느냐 아프냐에 따라, 이웃 관계에 따라, 부의 소유에 따라 구호를 받게 된다. 이때부터 감금이 지닌 교정적 미덕들은 저절로 무너진다. 가난하지만 건강한 자는 노동 시장에 자신의 비참을 끌고 다니게 되고, 가난하지만 아픈 자는 고귀한 영혼을 지닌 자나 어떤 가정의 선량한 보살핌을 찾아나서게 된다. 이처럼 대량적인 떠남을 기회로 하여 하나의 불안한 형상이 고개를 쳐든다. 일을 할 수 없지만 그렇다고 공적인 장소에 감히 버려둘 수도 없는 광인 말이다. (해묵은 공모자들——가난한 자들과 방탕자들——로부터 벗어난 구체적인 개별성으로) 광인에 대한 차별화된 지각은 획득된 것 같다. 그러나 그것의 불가피성은 인본주의에 힙입은 의학적 관심 때문인 것이 아니라, 인접하는 구조들(광기의 의식과 비이성의 의식의 구분, 비참한 사람들의 유통화)의 황폐화 때문이며, 차단의 벽들 내에 광포한 광인들과 비판적 무신앙자(방탕자들) 사이의 분노에 찬 분할 때문이다. 광기는 고전주의 시대가 그것을 이해했던 풍요로운 혼동들로부터 일단 벗어나자(이는 부정적인 한계 설정이다), 마침내 실증적인 규정의 대상이 될 수 있다. 우리가 기억하듯이, 고전주의 시대는 분할의 긴급성을 드러내면서 광기의 한계를 설정하는 네 개의 구조들(변증법적 분할, 배제의 의례, 인정의 거리, 의학적 분석틀)을 소환했다. 광기에 대한 **근대의** 경험이 지닌 특성은 단 하나의 분석적인 의식의 형태들에 따라 이러한 다양화된 만남 양식들을 정돈하는 것이다. 따라서 광기에 대한 근대적 경험은 이중의 모습을 포함하게 된다. 하나는 고전주의 시대의 경험으로부터 물려받은 구조들의 재해석이고, 다른 하나는 새로운 개념적 공간의 설정이다. 설사 고전주의 시대의 교훈들이 계속해서 이 공간에 형상을 부여한다 할지라도 말이다("고전주의는 결국 정신병에 대한 우리의 '과학적' 지식에 토양 역할을 하는 경험, 비이성에 대한 도덕적 경험을 형성했다." p.121).

고전주의 시대의 경험은 배제를 한계로 설정함으로써 구빈원을 설립했다. 감금이 애초에 대응하도록 되어 있었던(무위도식하는 사람들을 감금함으로써 해결하고——이는 자유주의적 논리로 보면 상식에 어긋남——도덕적 질서의 감옥들을 설립함——이는 비판적 감성에서 보면 스캔들임) 사회적 기능의 문제화와 더불어 제도의 파산이 목격된다. 광인을 공적으로 책임지는 문제들은 그를 두 집단의 교차점에 위치시키게 된다. 그리하여 그는 가난한 환자처럼 공적인 구호를 요구하고, 범죄자처럼 자신의 직접적 접촉으로부터 사회를 보호하는 구조들을 요구한다("자유의 선용(善用)"이라는 장). 그렇기 때문에 감금이 보존되지만, 이번에는 감금에 의학적 가치가 부여된다. 배제의 장소와 치료의 장소를 역사적으로 종합하는 일은 광인·범죄자·가난한 환자가 교차함으로써 이루어진 것인데 정신병원의 가능성의 토대를 역사적으로 확립한다. 이윽고 이러한 종합은 인위성으로 인해 망각되다가 자연적인 것으로 다시 나타난다. 감금은 치료하기 위해 이루어지는 것이라고 말해진다. 수용은 토대였는데, 광기가 지닌 본성의 결과가 되고, 그것의 실증적 진실들을 드러내는 의학적 공간이 된다. 푸코는 여기서도 또한 (그리고 이미 《정신병과 인격》에서) 역사적 행동들이 보여주는 진압 지점을 자연적인 명백함으로 간주하는 과학적 의식의 신화를 고발한다. 그리하여 원초적으로 소외된 광기는 근본적인 심리적 소외로 자동 지정되며, 이 소외는 그것의 상정된 본성에 따른 폐쇄된 공간에 넘겨지면서 측정된다. "수용의 사회적 개혁이었던 것은 광기의 심층적 진실들에 대한 충실함이 된다. 광인이 소외되는 방식은 망각되었다가 소외의 본성처럼 다시 나타난다. 수용은 그것이 태어나게 만들었던 형태들에 따라 정돈되고 있다."(p.458) 광인을 소외시키기 위해 그를 감금시켰던 것과는 달리 광인이 소외된 자이기 때문에 그를 감금시킨다고 말해지게 된다. 추상적 개념화들의 토대에 역사적 행동들을 이처럼 폭로하는 작업, '신화'가 역사적 기원의 합의된 은폐 속에 뿌리박고 있다는 이러한 생각은 아마 이미 니체적인 영감에 일치한다 할 것이다. 니체에게도 기만은 감추어진 모순의 분위기 속에서 이루어진다. 소외시키는 실증적 인위가 탈소외화의 기술(技術)로 (정신병원이 치유·치료의 공간으로, 잃어버린 진실과 망각된 본성에로의 회귀로) 제시된다.

광인에 대한 이해는 고전주의 시대의 감금 구조들에 대한 이와 같은 재해석의 범주 내에서 변모되어 나타난다. 고전주의 시대에 광인은 차이로서 철학적으로 지각되었다. 한편 의학은 오류의 형태들을 합리적 표면에 투영하는 시도를 한다. 두 경우에서 이성과 광기 사이에 파여진 부정적 거리를 실증적 지수들로 메우는 일이 중요했다. 그러나 이와 같은 이중적 접근은 다른 사회적 위험들과 혼동된 광기의 배제 행위와 **나란히** 실행되었다. 격리 공간의 의학화는 광기를 정신병으로 해석하게 해주며, 그것을 대상으로서 취급하게 해준다. 광인에 대한 이해는 한편으로 부정적 행동들로(감금하기), 다른 한편으로 인정의 과정(부정적인 것의 실증적인 것을 말하기)으로 분리되는 토대로서 어떠한 부정성도 더 이상 전제하지 않게 된다. 광인을 정신병자로 제시하는 것은 하나의 구성된 객관성의 형태들로 그를 즉각적으로 소외시키는 행위이다. 광인에 대한 객관적 입장과 그의 진실 형태들이 자유롭게 펼쳐지게 되어 있는 어떤 장소에 그를 구체적으로 소외시키는 행위 사이에는 더 이상 어떠한 게임도 없다.

소외시키는 객관화는 의사와 환자의 구체적 관계로서 다시 발견된다("정신병원의 탄생"이라는 장). 이번에 푸코의 모든 주장은 튜크와 피넬의 텍스트들에 근거하면서 어떻게 이성/비이성이라는 고전주의 시대의 분할이 더 이상 한 사회와 이 사회의 변방 사이의 거리로서가 아니라, 광인이 그 자신과 지니는 거리로서 구축된 구조 속에서 보존되고 있는지 보여주는 데 있다. 분할의 내면화를 말이다. 최초 정신병원들의 시도는 방대하게 죄의식을 느끼는 행위로 기술된다. 과오, 괴물 같은 비정상으로 느껴지는 자신의 광인 상태에 대한 고통스러운 자각이 광인의 내부에서 일어나기 위해서는 그와 그 자신 사이에 어떤 **거리**가 파여져야 한다. 이를 토대로 통제된 끊임없는 객관화 과정을 통해서 광인은 광인 상태에 있는 자신을 사람들이 바라는 모습과는 다른 것으로, 그가 마땅히 존재해야 하는 모습(그가 정상적으로 존재하는 모습)과는 다른 것으로 간주하도록 유도된다. 그는 사람들이 배려하여 그 **자신의** 진실로 그에게 나타내는 그 정상적 유형과 일치하려는 욕망을 나타내게 될 것이다. 소외는 외부의 한정된 변방, 다시 말해 금지된 낯섦·과실·악·동물성의 지대로서 변방에 광인을 배척하는 데 더 이상 있지 않고, 물질적인 소외(감시된 공간에 감금)의 제도적 범주를 간직하면서 광인이 그 자신과 지니는 거리로서 소외를 재구축함으로써 이 소외를 내적으로 중복시키는 데 있다는 점에서 내면화가 있다. 광인을 보살핀다는 것은 일련의 합의된 작업을 통해서 그로 하여금 자신의 광기를 고쳐야 할 과실로 느끼게 하는 것이다. 그는 광기를 죄의식 속에서 체험하는 것을 배워야 한다. 광인에게 치료한다는 것은 어떤 타자(의사)가 그의 것으로 제시하는 이와 같은 정체성을 항구적인 자기 통제를 통해서, 그리고 불안 속에서 결국은 받아들이는 것이다. 광인이 희생자로서 당해야 했던 철저한 멸시, 모욕적인 대우, 끔찍한 신체적 구속들을 잊지 않는다 해도, 고전주의 시대의 감금은 광인을 최소한 그 자신과 자기 진실(이 진실은 모순적이다. 왜냐하면 그것은 오류의 진실이기 때문이다)의 주체로 상정했다. 그는 광인이 되는 데 자유로웠다(심지어 너무 자유로웠다). 막연히 그의 발광의 근본 원인이라고 가정된 그 악의 착란 속에서 그는 광인으로 구성되었다. 최초의 수용소들은 일련의 구체적 활동을 정착시키며, 이를 통해서 사람들은 광인을 어떤 관념적 유형(튜크의 경우 종교의 원칙들이 포용되는 어떤 대자연의 법칙들, 피넬의 경우 부르주아 사회가 인정하는 사회적 모델)으로부터 소외시키고자 한다. 이것이 실증주의적 양식으로 '탈소외시킨다(désaliéner)'고 명명되는 것이다. 푸코는 이런 식으로 '도덕적 처우'의 활동적 치료들을 검토한다.

― 두려움(불안이 광인으로 하여금 자신을 항구적으로 통제하지 않을 수 없도록 하기 위해 외적으로 나타내는 발광은 모두 벌을 주겠다고 위협함).

― 감시(불규칙한 행동이 조금이라도 나타날 경우 현장에서 적발할 수 있는 엄격한 시선들로 광인을 둘러싸는 것임. 이는 이런 행동에 매번 적절한 반응들을 통해 응대하기 위해서이다. 특히 그것은 광인이 결국은 이러한 감시를 내면화하고, 그것을 자신에 대한 자신의 시선으로 구성하도록 하기 위한 것이다. 이 시선은 그에게 진실과 치료로서 제안된 관념적 규범으로부터 그를 분리시키는 거리를 그의 내부에서 측정해야 한다).

― 모욕(광인이 광기를 결국은 부끄러운 파렴치로 느끼고, 정상적인 사람들의 그 세계에 합류하면서 그 자신에게 낯설게 되고픈 생각을 할 수 있도록 광기에 대해 모욕을 줌. 그가 그들의 세계를 공유하는 것은 서로 만남으로써 자신으로부터 벗어난다는 불안 속에서만, 자신에 대한 죄의식의 영속적인 작용 속에서만 이루어지게 되어 있다).

― 판단(광인의 내면에서, 그리고 영속적인 비판들을 통해서 자신의 차이에 대한 회한이 생기게 함. 이는 그가 '다른 사람들처럼 되기' 위해서 자신에 대한 노력을 하도록 하기 위한 것이다).

이것들은 모두가 세밀하고 미묘한 '심리적인' 기술들인데, 외부로부터 광인에게 강제된 맹목적 구속들로서 더 이상 제시되지 않고, 소외가 특히 의식이 그것과 맺는 그 관계에 연결되는 설득 행위들로 제시된다. 이와 같은 재구축화로부터 떠오르는 주요 인물은 도덕·사회·실증과학의 소외시키는 모든 권력들을 집중시키는 의사[22]라는 인물이다.

심리학의 고고학

푸코는 그의 논문의 마지막 부분에서 결국은 "하나의 심리학의 출현 자체가 가능하게 만들었던 것의 역사"(p.548)를 썼다고 확인한다. 광기에 대한 고전주의 시대의 경험은 푸코가 기술한 대로 보면, 본질적으로 애매한 지각 상태에서 광인을 감금했다("인류학적 순환고리"라는 장). 광인으로서 주체는 자유로운 의지를 끌어들이는 자기 구성(autoconstitution) 행위를 통해서 광인이 되었다(그렇기 때문에 광인은 감금의 벽 안에서 방탕자들 및 범죄자들과 뒤섞일 수 있었다). "주체로 하여금 스스로 자신의 광기의 언어를 말하게 해주고 광인으로서 자신을 구성하게 해주는 그 유희의 지대, 공간이 있었다."(p.531) 광인으로 하여금 진실을 체념하도록 하고, 오류의 착란적인 논리들에 얽매이게 하는 그 행위가 광기이다("다음으로 그것〔광기〕은 육체의 메커니즘, 환각들의 연쇄, 착란의 필연성들 그 이상이 아니다." p.532). 사람들이 언젠가 광기에 대해 진술할 수 있을 인간적 진실들은 애초에 자유롭다고 가정된 그 행위, 다시 말해

---

22) 바로 의사-우두머리라는 인물을 중심으로 1973-1974년에 콜레주드 프랑스에서 행해진 "정신의학의 권력"에 대한 첫 강의들이 정리된다.

광인인 주체가 스스로를 광인 주체로 구성하고 오류를 무분별하게 선택하게 만드는 그 행위와 끊임없이 부딪치게 될 것이다. "출발과 분할의 매우 원초적이고, 매우 모호하며, 매우 어렵게 지정할 수 있는 시점에서 광인으로 하여금 **총칭적** 진실(la vérité)을 단념하게 만들었던 그 자유는 그가 자신의 진실에 언젠가 사로잡히는 것을 방해한다."(p.533) 고전주의 시대에 광인의 자유는 광인이 자신의 담화적 진실에 참여하지 않는 범위 내에서(의학적 지식에 의해 드러난, 착란의 메커니즘들 참조) 이 진실에 접근하는 행동이 형성되고 **총칭적** 진실에 대한 적극적 단념이 형성되는 그 시기를 나타낸다. 따라서 광기에 대한 고전주의 시대의 경험은 처음부터 끝까지 **윤리적**이다. 그 속에서 인간은 자신의 진리가 지닌 얼굴을 만나지 못하며, 그보다는 자유 의지와 진리와의 관계가 그 속에서 이루어진다. 반대로 광기에 대한 근대의 경험은 인류학적이 된다. 그것은 인간의 실증적 진리에 대한 시험이 된다(이 진리의 가능성이나 진리에 도달할 가능성에 대한 시험이 되는 것이 아니다)는 의미에서 말이다. 이와 같은 변모는 광인의 그 자유, 다시 말해 그로 하여금 사람들이 그에 대해 체질적 결정론들과 관련지어 진술할 수 있었던 모든 것으로부터 벗어나게 해주었던 그 자유의 축소를 통해서 이루어진다. 그러나 이 자유가 즉각적으로 부인되지는 않는다. 그것은 **객관화**된다. 사람들은 광인을 도덕적 질서의 감옥들로부터 해방시키지만, 그의 재정복된 자유가 보장되는 엄밀하게 폐쇄된 공간은 개념들의 골격에 의해 포위된다. 그는 더 이상 잘못에 사로잡혀 수감되는 것이 아니라, 자연적인 결정론을 통해 감금된다. 그의 내부에는 악의 모호하고 아득한 그 선택이 있다고 더 이상 추정되지 않고, 병적 현상들을 통해서 가시화된 그의 유죄의 객관적 존재가 확인된다. 고전주의 시대의 주체는 진실의 상실에 입각해 자신을 광인으로 자연스럽게 설정한다. 근대의 주체는 자유의 상실을 통해 광인으로서의 자신의 진실에 도달한다. 과연 이제부터 광기의 형상들이 진술하는 것은 인간의 진실들이다. 르네상스 시대에는 세계에 대한 정신착란을, 고전주의 시대에는 과실과 비존재를 알려 주었던 광기가 19세기부터는 인간이 진실로, 그의 진실한 모습에서 무엇인지를 표현한다. "광기는 이제 인류학적 언어를 지닌다. 근대인들이 볼 때, 광기가 성격상 띠는 그 애매함 속에서 이 언어는 광기가 지닌 불안한 힘, 인간의 진실과 이 진실의 상실, 따라서 **이 진실의 진실**에 동시에 관계된다."(p.535) 이와 같은 변증법적 구조는 그 심층에서 광기의 근대적 경험을 지시한다 (푸코에 따르면, 그것은 낭만주의 문학에서 그 시적 표현을 발견한다; cf. 535-537). 그러나 반대항 속에서 발견되는 이 진실은 인류학적 진실이라는 사실을 되풀이하지 않을 수 없다. 인간을 실증적 대상으로(진실의 주체가 아니라 사람들이 객관적 진실을 표현하는 대상인 그 주체로) 설정하는 심리학은 광기와의 이와 같은 새로운 관계에서 **그것 자체를 가능하게 만드는 조건**을 만난다. 심리학은 인간에 대해 실증적·객관적·필연적·자연적 진실을 진술하겠다고 주장한다. 그리하여 광인은 바로 인간의 어떤 진실이 객관화되고, 규정되며, 정착되는 그런 존재인 것이다. 푸코는 19세기에 현저한 세 개의 정신적 병리 현상의 사례에 근거한다. 전신마비(매독에 의한 병인: 성적인 과실의 진실은 여기서 자연적 문법으로 비판된다), 도덕적 광기(광기의 진실은 이성의 착란 속에서 드러나지 않고, 어떤 객관화와, 현실태로의 이동과 뒤섞인다), 고정 관념(살인의 고정 관념에 대한 법적-의학적 관심은 어떤 결정론을 전제하는 데 있었다)이 그것이다. 광기 안에 있는 인류학적 진실은 객관화된다. 이는 19세기부터 광인이 인간의 얼굴을 하게 되었다는 것을 말하는 것일 뿐 아니라 인간이 **광인 인간에 입각해** 자신의 과학적인 진실과의 관계를 고정시킨다는 것을 말한다. 인간은 인류학적인 진술의 자발적인 객관화로서 광기의 경험에 입각해 자신의 진실-존재(être-vrai)에 최초로 접근한다. 인간이 지닌 하나의 진실은 오로지 **소외**의 특징을 띠고서만 인정된다. "심리학의 입장에서 본 진리는 모두 동시에 인간에게는 소외 아닌 것이 없다."(p.459) "소외는 인간에 대한 모든 객관적 지식의 중심에 은밀한 진실로 놓이게 된다."(p.482) 그러나 여기서 우리가 소외의 과정으로서 혹은 광인들에 대한 서양의 커다란 억업 체계의 이론적 보장으로서 정신의학을 제시하는 단순한 도발만을 만나는 것은 아니다. 이러한 주장은 이미 《정신병과 인격》의 본질을 이루고 있었다. 그러나 여기서 **소외**는 더 이상 무성한 사회적 결정론들로 귀결되지 않는다. 그것은 《광기의 역사》에서 그것이 지시하는 것은 인간의 텅 빈 형상이며, 자기 상실, 자기 소멸, 자기의 결정적 유배에 대한 적나라한 경험이다. 인간의 소외는 그의 지식의 입장에서 보면 어떤 초월체 같은 것을 구성한다. "인간은 진실한 존재로서의 자기 자신에 접근한다. 그러나 이 진실한 존재는 그에게 소외의 형태로만 주어진다."(p.548) 광기는 우리가 '자연적 본성들(natures)'과 직접적으로 대결하게 하는 토대로서 그 무엇이다. 심리학자의 과학적 객관성이 요구하는 거리는 광기 속에서 인간을 그 자신과 분리시키는 거리와 동일한 것이다. 보다 분명히 말하면 인간을 광기 속에서 타자로 만드는 그 거리는 인류학적인 실증적 진실들이 진술되는 **통로**의 역할을 한다. 광기는 특권화된 대상이 아니라 가능한 모든 심리학의 초월체이다.

이것이 모든 진실들이 상실되는 광기의 그 경험으로부터 드러나는 이상한 진실이고, 푸코가 발견한 심리학자들의 진실이다. 혹자는 19세기의 심리학은 그것이 제시하는 실증적 진술들의 애매한 구조화에 거의 불안을 느끼지 않은 것 같다고 말할 것이다. 왜냐하면 그것은 모순을 많은 이론적 대립들로 재분배했기 때문이다. 신생 심리학의 모든 갈등들, 학파간의 모든 투쟁들, 모든 개념적 모순들은 모순적인 초월적 입장을 중립적인 개념적 공간 위에 투영하고 실증적으로 유지하는 것이다.[23] 그러나 인문과학들을 환상적이고 기만적이라고 비난하자는 것이 아니며, 다만 어떤 지형을 파악하자는 것이다. 인간은 광기의 괴물 같은 불합리하고 부끄러운 행위들을 통해서만, 그리고 이 행위들에 입각해서만 자연적인 객관성으로, 실증적 메커니즘들의 다발로 발견된다. 여기서 직접적으로 비판되는

---

23) 우리는 심리학의 모순들이 인간의 실천 활동의 모순들로 직접적으로 이해되었던 최초 분석들로부터 멀어져 있다.

것은 심리학의 실증성이 아니라, 인류학적 기획이 **의미를 지닐** 수 있었기 위한 토대인 역사적 경험의 오만한 망각이다. 그러나 심리학들은 그것들의 출현 조건들을 아직도 오랫동안 망각하게 되어 있다. 이 조건들 속에서 그것들은 그것들이 내세우는 중립성과 고요한 객관성의 포부에 대한 철저한 반박을 만날 수 있을 것이다. 왜냐하면 그것들은 그것들의 실증성들을 정신이상자가 드러내는 광기의 공허(무의미)에 토대하고 있기 때문이다. 심리과학들에 대한 이와 같은 재조망은 결국은 해묵은 실존주의적 혹은 마르크스주의적 비판들보다 더 큰 맹렬함을 나타낸다. 후자들은 심리학적 실증성들이 **토대가 부재함**을 비판했으며, 그것들보다 선행한다고 생각된 충만함들에 그것들을 뿌리내리게 하려고 하였다(처음부터 자신 자체에 매여 있는 실존의 순수한 경험, 혹은 사회적 활동들의 둔중한 두께 같은 것 말이다). 사람들은 실존과 역사의 충만한 경험을 내세워 실증적 내용들이 환원적이라고, 다시 말해 부정적이라고 비판했다. 그러나 푸코는 심리학의 경험적 속성들을 더 이상 **비판하지** 않는다. 그보다 그는 그것들에 **이의를 제기한다**고 말할 수 있다. 인간을 그의 진실 속에서 생각하도록 주어지는 빛은 그의 발광이 드러내는 검은빛이다. 우리는 이번엔 의학과 관련된 《임상의학의 탄생》[24]의 결론 부분에서 동일한 수사학을 만나게 된다. 병리해부학을 근대 의학을 탄생시키는 행위로 간주하는 것을 받아들인다면, 어떻게 하나의 진정한 담론이 처음으로 개인에

---

24) PUF, 1963. 우리가 여기서 이용하는 것은 초판이다.

접목되는지(임상의학이 개인에 관한 학문을 직접적으로 성립시키리라는 전망에 따라서 말이다) 이해하기 위해서 검토해야 할 것은 이 병리해부학이다. 그리하여 푸코는 비샤의 중요성이 그가 인체 조직의 변질 속에 온전히 흔적이 남겨진, 진실의 길을 재발견하기 위해 시체를 가르라고 명령한 사실에 있음을 지적한다. "시체는 진실의 형상들에서 가장 분명한 순간이 된다."(p. 126) "갈라져 외재화된 시체는 질병의 내적 진실이다."(p.138) 시체의 경직성이 확립하는 것은 완벽한 분석적 해체 속에서 생명을 지휘한 법칙들의 냉혹한 엄격성이다("죽음의 저 높은 곳으로부터 기관의 종속 관계들과 병리적 결과들을 볼 수 있고 분석할 수 있다." p.145). 마치 부패가 진실의 요소들을 자연발생적으로 분석하듯이 말이다. "죽음, 그것은 결합들을 풀어냄으로써 그것들을 보여주고 해체의 엄격성을 통해 생성의 불가사의를 파열시키는 위대한 분석자이다. 그런 만큼 해체(décomposition)라는 낱말이 그것이 지닌 의미의 무거움 속에 비틀거리게 놓아두어야 한다. 요소들과 그것들의 법칙들에 대한 철학으로서 분석은 그것이 수학·화학 속에서, 자연이 처방한 넘어설 수 없는 모델인 언어 자체 속에서 헛되이 추구했던 것을 죽음 속에서 발견한다."(p.146) 살아 있는 인간은 죽음의 경험에 입각해서만 스스로를 자신의 진실에 개방한다. "[중요한 것은] 죽음이 삶에 실증적 진실을 제공할 수 있는 유일한 가능성이라는 점이다. (…) 비샤로 인해서 삶에 대한 지식은 그것의 기원을 삶의 파괴 속에서, 그리고 그것의 극단적 대립항 속에서 발견한다. 질병과 삶이 그것들의 진실을 말하는 대상은 죽음이다."(p.147)

삶이 죽음으로, 낮이 밤으로 뒤바뀌는 현상("살아 있는 밤은 죽음의 빛을 받으며 흩어진다." p.148)[25] 이상으로 병리해부학은 인간과 그의 진실의 관계가 최초로 엮어진 방식을 지시한다. 그들이 죽음의 본질적 빛 아래서 결합되어 있기 때문이다("개인에 대한 과학적 담론을 금지했던 아리스토텔레스의 오래된 법칙은 언어 속에서 죽음이 그것의 개념의 장소를 찾아냈을 때 제거되었다." p.173). 광인을 자기 자신 및 자신의 진실에 낯설게 만들었던 소외의 거리가 동시에 마침내 허용된 과학적 객관성의 거리였듯이, 여기서 죽음은 마침내 개인과 그의 진실이 소통하는 통로가 된다. 푸코는 형상들의 유사성을 표절한다. "서양인은 자기 자신을 제거하는 일에 착수함으로써만 그 자신의 눈에 과학의 대상으로 설정될 수 있었고, 자신의 언어 안에서 자신을 포착했고, 이 언어 속에 자신을 제시했던 것이다. 그리하여 비이성의 경험으로부터 모든 심리학들과 심리학의 가능성 자체가 태어났으며, 죽음이 의학적 사유 속에 통합됨으로써 개인의 과학으로 자처하는 의학이 태어났다."(p.199)

---

25) 푸코가 비샤의 해부학을 《임상의학의 탄생》에서 특징짓는 이와 같은 대립의 유희는 빈스방거의 저서에 쓴 서론에서 다음과 같은 서정적 표현과 관련한 유희를 되찾고 있다. "서정적 표현은 (…) 빛과 어둠의 그 교대 속에서만, (…) 낮과 밤의 그 박동 속에서만 가능하다."(*Dits et écrits*, t. I, p.96-97) 푸코가 실존의 시원적 3차원 가운데 하나로 규정했던 것은 19세기의 인류학적 경험, 인간이 자신의 밤에서부터 자신의 빛에 스스로를 개방케 하는 그 경험을 특징짓기 위해 다시 나타난다. "바로 그렇기 때문에 이러한 의학적 경험은 횔덜린에서 릴케까지 자신의 언어를 찾고자 했던 서정적 경험과 유사하다."(*Naissance de la clinique*, p.200)

정신병원의 조직

　푸코가 콜레주 드 프랑스에서 광기라는 안건의 검토를 다시 시작한 것은 1973년 9월이다.[26] (1970년부터) 그 이전 년도들은 그리스 고대 사회에서 형벌의 메커니즘들에(힘의 대결에 토대한 고전기 이전의 정의로부터 눈으로 직접 본 증인들을 요구하는 고전기의 정의로 이동하는 현상에 대한 연구였음), 그리고 고전주의 시대(17세기와 18세기에서 징벌 원칙의 계보)에 할애되었다. 특히 1972-1973년도 강의("처벌 사회")는 "범죄(délin-quance)" "불법 행위(illégalisme)" 그리고 특히 "권력"이라는 조심스럽게 재단된 개념들을 정착시키면서 《감시와 처벌》의 출간을 예고한다. 그러나 1973년 봄의 상황을 보면, 특수한 처벌 기술(고전주의 시대의 감금과는 다른 것임)로서 "감옥" 제도는 아직은 기본적으로 수도원의 출입 금지 구역에 대한 먼 참조를 통해, 지배적인 자본주의적 도식에 대한 추상적 의존을 통해 규정되어 있다. 설명을 위한 이와 같은 이론적 요소들은 아직은 '통합되지 않은' 것처럼 제시된다. 두 개의 주요 개념, 즉 **규율**과 **규범**이라는 개념이 아직 부족하며, 그것들은 광기 · 정신병원 그리고 정신의학적 감정이 재검토됨(1973년에서 1975년까지 강의임)으로써만 새로운 타당성을 드러내며 나타나게

---

　26) 콜레주 드 프랑스에서 푸코의 강의들은 〈Hautes Études/Gallimard-Seuil〉판으로 출간되고 있는 중이다(첫번째 책은 《사회를 보호해야 한다》라는 제목으로 1997년에 나왔다).

된다. 이렇게 함으로써 비로소 푸코는 형벌 세계에 대한 연구를 위한 이론적 중심점, 감옥에 대한 자신의 저작을 마무리하게 해주는 그런 중심점을 발견한다. 그러나 다른 요소들(히스테리 여자들, 범죄적 괴물들, 변태적인 아이들에 대한 연구)은 이 두 해 동안에 접근된다. 그것들은 1976년에 약속하면서도 결코 쓰지 못하게 되는 근대 서구의 성의 역사에 관한 그 책들의 제목들을 형성하게 된다. 《앎의 의지》의 초판 뒷면을 보면 이 책에 이어 2. 《육욕과 육체》, 3. 《소년 십자군》, 4. 《여성, 어머니, 그리고 히스테리 환자》, 5. 《성도착자들》, 6. 《인구와 종족》이 나올 것으로 예고되어 있다. 따라서 '정신의학의 권력'과 '비정상인들'에 관한 2년 동안의 강의는 이중적이며, 반대로 대칭적인 중요성을 띤다. 그 속에서 《감시와 처벌》을 《성의 역사》 제1권으로 실질으로 구조화시키는 처벌 권력의 개념화가 자리잡기 때문이다. 다른 한편으로 푸코의 글로 씌어진 저작물에 결코 들어가지 못하게 되는 역사적 내용들은 그 속에서 구상된다. 그것들은 불투명한 그 책들이 난처하게 만드는 가운데 실패한 계획으로 끝난다. 그러나 공개 강의들이 진행되는 동안 광기의 분석은 **비정상인**의 계보학이라는 보다 폭넓은 계획에 의해 압도된다.

　푸코는 자신이 《광기의 역사》에서 정신의학의 고문서에 대한 연구를 단념했던 지점에서, 즉 피넬의 《정신적 소외에 대한 의학-철학적 개설》에서 그것을 다시 시작한다. 우리는 푸코가 같은 말을 되풀이하고 있다고 거의 믿을 지경이다.[27] 왜냐하면 치유를 한다고 주장하는 행동에서 권력의 작용을 고발하기 위해 다시 한번 정신병원의 대(大)의사의 모습으로부터 호의적인 인본주의, 불안한 배려의 마스크가 벗겨지기 때문이다. 그러나 분석들 전체를 변경시키는 새로운 독서틀들이 자리를 잡는다. 광인과 치료자의 비뚤어진 만남을 이끄는 소외의 변증법적 유희는 치료 장면들(피넬에서 뢰레까지의 정신적 치료)의 연구를 통해서 정신병원 조직의 규율적 질서(이것은 의사가 대상과 좋은 관계를 갖고, 환자가 자기 자신과 좋은 관계를 갖기 위한 조건 같은 것이다)로 대체된다. 실제로 1973년 가을의 강의에서 정신병원의 의사는 구체적 모습을 드러냈다. 푸코는 의사—원장의 초강력한 육체에 의해 사방으로 짜여진 정신병원의 공간을 기술하는데, 의사는 감시자들과 보조들(그물망으로서 존재함)에 의해 대체된다. 이 박식한 육체의 포위적 존재는 모든 공간을 포위하고 절대적 취조의 거대한 시선으로 세련된다(모든 것이 그에게 보고된다). 《광기의 역사》가 피넬과 튜크의 경우에서 드라마틱한 추상의 형태로 유념하는 것은 모욕적인 치료들을 통한 고전주의 시대의 커다란 분할의 내면화뿐이었던 반면에, 푸코는 여기서 정신병원의 원형적 구조의 구체적 장치들에, 건축적 효과에 관심을 보인다. 그는 지난날의 최고 군주 권력에 대해 새로운 우위를 확보하는 규율적/처벌적 권력의 실현을 정

---

27) 그러나 푸코는 자신과의 거리를 표시하기 위해 1973년의 취임 강의를 마치면서 《광기의 역사》에 대한 솔직한 비판을 나타낸다. 그에 따르면 이 첫번째 역사는 표상들의 분석에 머물렀고(오늘날로 보면 권력 장치를 연구해야 할 것이다), 낡은 개념들(폭력——마치 신체적이 아닌 순수한 권력이 맞은편에 존재할 수 있기라도 한 것처럼 말이다——과 제도——이것은 결코 첫번째가 아니며, 권력의 일반적 전략을 전제한다——같은 것들)에 의거했다.

신병원의 작용 속에서 식별해 낸다.[28] 푸코는 《광기의 역사》에 서와는 달리 행동들과 담론들을 체계화하는 요소로서 근본적 경험을 더 이상 탐구하지 않고, 지식과 실천을 생산하는 진원지 로서 권력의 일반적 전략을 탐구한다. 19세기의 정신병원은 광 인을 통제하는 일이 중요한 힘의 장으로서 나타난다. 그것은 "대결을 위한 공간이고, 투쟁의 장소이며, 승리와 복종이 문제 인 제도적 장이다."(《강의 요약》, 쥐야르, 1989, p.58) 푸코에 따 르면 광기는 고전주의 세기와는 달리 더 이상 현기증나는 과실 로 생각되지 않고, 힘들의 반란으로 생각된다. 이때부터 치유한 다는 것은 이제 세상사의 진정한 질서와 규약을 다시 맺는 것 이 아니라, 정신병 전문 의사의 지배적인 의지에 복종하는 것 이다. 치료 행위는 싸움("따라서 대립·투쟁, 그리고 지배의 과 정." p.57)으로 사유된다. 정신병원의 조직 안에는 종합병원의 모델들, 다시 말해 의학적 소견·진단·개입이 질병의 진실에 따라 그 광경의 조직화된 진열을 통해 질서가 잡히는 그런 모 델들을 생각하게 하는 게 아무것도 없다. 광기에게 중요한 것 은 질병의 종류가 펼치는 가시성이 아니라 의사에 대행하는 광 인의 투쟁과 저항이다. 따라서 정신의학적 지식은 대결의 장면 들에 대한 이야기를 통해서 예시된다. 이 이야기 속에서 의사의 승리로, 다시 말해 광인의 치유로 이끌어야 하는 전략들과 계

---

28) 조르주 3세 왕의 적극적 치료 장면, 피넬이 보고하는 그 장면은 이 와 같은 이동(노쇠하고 흉측한 나체의 미친 왕의 무력한 모습에 의해 나타나 는 해묵은 군주 권력의 쇠퇴, 그리고 익명의 말없는 시종-감시관들의 권위적 인 행동들 속에 나타나는 규율의 출현)을 상징한다 할 것이다.

략들이 열거된다. 그러나 고전주의 시대의 방법들은 더 이상 발견되지 않는다. 이 방법들을 통해서 사람들은 광기를 객관화하면서 그것의 추정된 과실을 폐기시키고자 했었다(예컨대 학대의 정신착란을 학대받는 자 앞에서 무대 위에 연출함으로써 그것을 실현하여 없애고자 했을 때 말이다). 광기의 단단한 핵을 구성하는 것은 더 이상 착란의 환상이 아니라 악의적인 의지이다. "광기는 과오와 관련해서 지각되기보다는 균형잡힌 정상적 행실과 관련해서 지각된다."(p.56)

정신이상자의 착란 혹은 문학적 글쓰기: 기원 없는 언어

결국 푸코는 그 자신이 **고전주의 시대의** 경험으로 지정하는 (만들어 내는?) 것에 의해 여전히 매혹되어 있다. 광기는 그 속에서 **착란**으로 포착되어 있기 때문이다. 근대의 정신의학에 의해 객관화된 착란은 이야기하는 능력의 병적인 사용이거나 뇌의 기능 장애가 표현되는 단순한 표면이다. 그러나 푸코에게 착란은 그런 능력의 단순한 표류라기보다는 언어의 본질적인 가능성을 지시할 때까지 그것의 흐름을 거슬러 올라간다. 언어가 표현의 기능들에 따르기 전에 그것 자체에 매여 있는 지점으로 말이다. 아니 보다 정확이 말하면 정신이상자의 착란과 문학적 글쓰기는 언어를 그것 자체의 가능성의 뿌리에서 드러내며, 언어의 원리에는 언어 자체 이외에 아무것도 없다는 중립적이고 충격적인 분명한 사실을 드러낸다. 그렇기 때문에 문학에 할애된 푸코의 텍스트들은 광기에 **대한** 텍스트가 아니면서도 광인의 착란과 문학적 글쓰기에 동시적으로 통로 구실을 하는 말하기 가능성을 탐색하고 있다. 또한 그렇기 때문에 푸코는 어떤 동일시의 관념 자체를 맹렬하게 배격하면서, 그리고 동시에 문학과 광기 사이의 울림을 증식시키면서 언제나 이중의 언어를 유지하는 것 같다. 정신병리학이 네르발이나 루셀이 광기를 표명할 때, 사실 그것은 병적 주체의 테마에 입각해 작가와 정신이상자의 동일성을 구축한다. 그러나 푸코에게 착란과 글쓰기를 동시에 가능하게 만드는 것은 "언어의 근본적 경험"(《레이몽 루셀》, p.204)이다. 푸코는 루셀·블랑쇼·바타유·클로소프스키·아르토의 문학적 경험을 규정할 때, 그가 볼 때 광인들의 착란이 역시 그 나름의 볼륨을 지니는 그 차원을 탐사한다.

루셀의 방식

루셀의 아주 초기 텍스트들의 구축을 생각해 보자.[1] 이야기의 첫번째 문장은 마지막에서 정확히 반복된다(언제나 글자 하나

---

1) 레이몽 루셀(1872-1923)은 아마 여전히 가장 수수께끼적인 프랑스 작가들 가운데 한 사람일 것이다. 매우 유복한 가정에서 태어난 그는 지겨운 줄거리, 혹은 불안한 투명성을 지닌 줄거리의 작품들을 집필하면서 자신의 삶을 문학에다 모두 소모했다. 그는 팔레르모에 있는 호텔 방에서 죽은 채로 발견된다(아마 자살했을 것이다). 오직 초현실주의자들만이 그를 주목하고, 연극에서 야유를 받은 그의 작품들을 옹호하게 된다. 사후에 나온(루셀은 죽은 다음에 자신의 저작들을 출간할 계획을 세웠다) 텍스트인 《나는 어떻게 나의 책들을 집필했는가》에서 그는 자신의 책들의 제작 비밀, 다시 말해 이 분류 불가능한 작품들의 글쓰기를 지배했던 방식들을 털어놓는다. 상품의 장식 도안이나 라벨의 비정상적인 묘사, 언어 유희에 입각한 공상적 기구들의 환기 등이 그것이다.

가 차이가 난다). 예를 들면 "늙은 약탈자 도당들에 대한 백인의 편지(Les lettres du blanc sur les bandes du vieux pillard)"(이국적 서신을 환기함)와 "오래된 당구대의 쿠션 위에 있는 흰색의 글자들(les lettres du blanc sur les bandes du vieux billard)"(초크 얼룩)이 그것이다. 각각의 낱말은 다른 의미로 취해지고 있다. 이와 같은 의미의 차이는 두 문장의 형식적인 동일성에 상처를 낸다. 단 하나의 성분으로 우리는 동의어라기보다는 형태적인 미세한 이탈을 띤 동일한 낱말을 얻는다("pillard" "billard"). 이 이탈은 흉터·상처·흠집이다. 허구는 낱말들이 제2의 의미로 취해질 때, 낱말들을 그것들 자체와 분리시키는 공허 속에서 볼륨을 획득한다. "루셀의 경험은 우리가 어휘의 '전의법(轉義法)적 공간'이라 부를 수 있는 것 속에 위치한다. (p.25) 낱말들의 형식적인 정체성 아래서 하나의 공간, 모호한 중력의 상태에 있는 사물들의 소용돌이에 의해 사로잡힌 그런 공간이 해방된다. 이는 마치 **말해야 할 사물들**이 언어적 주름들 속에서 취해질 때에만 지탱되는 것과 같다. 이는 반복된 동일한 문장이 첫번째 의미로 환원될 수 없는 의미를 전달할 뿐 아니라, 단순성이 드러나게 묘사된 사물로부터 그것을 재현하는 복잡한 언표로 이끌어 가기 때문에 더욱 그렇다.[2] 마치 언어가 우리를 복제물들 속으로 끊임없이 더 추방하는 것처럼 말이다. 이미 루셀의 이러한 첫번째 파롤 속에서 하나의 환상적 존

---

2) 푸코는 흔히 이러한 콩트들에서 최초의 문장이 발화 행위의 단순성을 드러내며 제시될 때, "반어법은 어떤 온전한 의례를 통해서만 그것이 말해야 하는 것을 말한다"(p.33)고 강조한다.

재론의 윤곽이 드러난다("나는 우리가 언어의 이와 같은 자기 표상(autoreprésentation) 현상들에 입각해 문학의 존재론을 만들거나 최소한 그 윤곽을 그릴 수 없을까 자문한다."《말해진 것과 씌어진 것》, t. I, p.253). 작은 순환적인 콩트들에 이어서 산문으로 된 큰 작품들이 끌어들이는 것을 이해해야 한다(《아프리카의 인상》 및 《로퀴스 솔뤼스》). 푸코는 이러한 큰 이야기들의 경우 글쓰기 방식들의 매우 복잡함에 주목한다.[3] 루셀은 그가 그 의미를 변모시키는 동일한 문장들의 도움을 받으면서 서술을 계속해서 구조화시킨다. 그러나 모태적 절들은 텍스트의 마지막 버전에서는 더 이상 나타나지 않는다. 첫번째 문장은 다만 테마적인 실마리를 제공하고(le pillard는 이야기의 모험적이고 서사적인 분위기를 결정하게 된다), 두번째 문장은 채택된 방식을 따르게 되는 낱말들을 환유를 통해 전달한다(le billard는 환유를 통해서 탈루 왕의 옷자락을 낳게 되는 당구 큐로 귀결되거나, 점들을 표시하는 데 사용되는 분필, 붙잡아두기─벌〔罰〕을 낳게 되는 풀(colle) 리본(리본 모양의 풀)이 밑부분에 둘러쳐진 분필로 귀결된다 등). 이윽고 루셀은 친근하게 짝을 맞춘 낱말들(결투(duel)와 이것의 끝을 나타내는 포옹(accolade), 자신의 작은 섬(îlot)을 중심으로 헤엄치는 고래(baleine) 등)을 우연에 맡겨 취하여 시적으로 그것들의 의미를 변모시킨다(문법에서 쌍수(雙數, le duel), 인쇄업자의 중괄호(accolade) 등). 새롭게 나타난 이 두 의미들 사이에 서술

---

3) "그러나 내가 보기에 말하는 것은 더 이상 동일한 언어가 아니며, 《아프리카의 인상》은 언어의 새로운 대륙에서 태어났다."(《레이몽 루셀》, p.42)

적 필연성을 지닌 새로운 층이 펼쳐지게 된다. 루셀은 씌어지는 것의 자원을 언제나 다른 낱말들에서 찾아낸다. 언급된 사물들은 언어의 주름 자체에서 나타난다. 고전이 된 작가들의 순수하고 침묵적인 사유들[4]은 언어의 심층에 웅크리고 있는 속삭임, 낱말들의 무한한 속삭임으로 대체된다. 언어의 모호한 심층 속에서 투명하지 않은 채 읽을거리로 제시되는 것은 언제나 낱말들(다른 낱말들)이다. 그것들은 이미 순수한 어떤 대문자 말씀(un Verbe)의 투명한 거울들이 더 이상 되어서는 안 되며, 거울 효과를 영원히 뒤죽박죽으로 만드는 지각할 수 없는 거리에 입각해 무한히 그것들 자체로 귀결된다. 이것이 루셀의 매우 분명하고 어린애 같은 언어의 극단적 불투명성이다.

푸코가 의미하는 **문학**은 어떤 특정 언어의 사용을 말한다. 이 사용은 그 언어를 더 이상 어떤 초월의 황홀에 종속시키지 않는다. 그것은 언어로 하여금 끊임없이 다시 시작되는 유희, 조정된 혼돈들의 그런 유희에 의해 스스로에게 휘어지고, 스스

---

4) 메를로 퐁티에 따르면, 고전이 된 작가들에게 "표현이 〔무언가를〕 표현하는 것은 그것이 우리의 모든 경험들을 우리가 언어를 배우면서 소유하게 된, 어떤 기호와 어떤 의미 사이의 최초 상응 체계로 데려다 주기 때문이다. 이 체계는 절대적으로 투명한데, 그 이유는 어떠한 사유도 낱말들 속에 굴러다니지 않고, 어떠한 낱말도 무언가에 대한 순수한 사유 속에 배회하지 않기 때문이다."(*La Prose du monde*, Gallimard, 〈Tel〉, p.10) 고전적 견해는 언어가 적절한 되찾음에 불과한 사유의 침묵으로 우리를 돌려보낸다. "낱말들의 물결은 이와 같은 침묵을 구제하러 오며, 그것의 등가물을 제공한다. 이 등가물은 매우 정확하기 때문에, 또 작가가 자신의 사유를 망각했을 때 그 자신으로 하여금 그것으로 돌아가게 해줄 수 있는 능력이 매우 높기 때문에 사유는 세계의 이면에서 이미 언급되어 있었다고 생각해야 한다."(같은 책, p.11)

로를 반복하며, 스스로를 다시 검증하고, 스스로를 되풀이하지 않을 수 없게 만든다. 이 언어는 어떤 근본적인 경험이나 진리의 재구성을 더 이상 일거리로 삼지 않는 그런 언어이다. 그것은 원초적 찬람함을 보여주면서 드러나는 사물들에의 어떤 말 없는 현전으로 되돌아간다기보다는 자신의 존재를 이미 말해진 것의 반복 속에서 끌어올린다.[5] 푸코는 이 언어를 **속삭임**(murmure)으로 명명한다. "끝없이 반복되고 이야기되며 중복되는 속삭임"(《말해진 것과 씌어진 것》, t. I, p.252)으로[6] 글쓰기의 시련에서 언어의 경험은 그것의 구조를 통해서 해설의 실현이 추정하는 경험과 대립되는 상황에 처하게 된다. 꾀바른 해석학자가 영원히 합류하고자 하는 것(그가 그것을 전달하는 순간에 항상 드러내는 것이자 그가 그것을 상실하는 순간에 되찾는 것)은 씌어진 표현의 우발적 부침을 넘어서, 우리의 피곤한 눈

---

5) 따라서 푸코는 플로베르의 《부바르와 페퀴셰》를 참조하지 않을 수 없었다. "복사한다는 것(…), 그것은 담론이 그 자체로 귀결되는 주름이며, 무한한 웅성거림 속에서 일시적 파롤을 변모시키는 그 비가시적인 존재가 되는 것이다." 그리하여 푸코에게 도서관은 이와 같은 각각의 문학 작품을 "씌어진 것의 무한한 속삭임"(*Dits et écrits*, t. I, p.299)에 귀속시키는 "언어 공간"(같은 책, p.260)을 지시한다.

6) 푸코는 결국 1970년에 브리세와 그의 착란적인 어원들과 관련해 '속삭임'이라는 이 테마를 다시 다루게 된다. "언급되었던 모든 것의 무한한 속삭임이 있었다. 언어 훨씬 이전에 사람들은 이야기를 했다."(*Dits et écrits*, t. II, p.17) 그러나 그가 문장들·낱말들·음절들 뒤에서 발견하는 것은 다른 주름진 낱말들이 아니라 울부짖음과 외침이다. "욕망·전쟁·야만(…)의 오래뒨 태곳적 장면들·몸짓들·공격들이고, 이것들이 이제 침묵하는 문장(紋章)으로 형성하는 폭력들"(같은 책, p.21)인 것이다. 도서관의 부피, 복제물들과 거울들로 가득 찬 그 부피로부터 권력의 어두운 무대로 이동이 이루어진 것이다.

으로 볼 때, 사용된 낱말들의 한계 내에서 의미의 견고한 필연성이고, 표현의 우발성 뒤에 있는 의미의 활기찬 돋아남이며, 기원이 그 스스로에게 존재하는 그런 현전이다. 해설의 장치는 끊임없이 현존하고, 영원히 주어진 최초의 순수한 필연성·생명·기원을 함축한다. 루셀은 이윽고 새로운 방식을 실행한다. 그것은 이제 하나의 이야기를 쓰기 위해 하나의 문장을 기본적인 단위들로 분해하는 것이다. 예컨대 "*j'ai du bon tabac dans ma tabatière*(나는 내 코담뱃갑에 좋은 담배를 가지고 있다)"는 *jade*(경옥), *tube*(튜브), *onde*(파동), *en*(으로), *mat*(광택 없는) 등으로 변한다. 이 새로운 낱말들은 허구의 재료가 된다. 이러한 방식은 그 이전의 방식과 유사하다는 것이 드러난다. 루셀의 이야기들은 우연한 낱말들에 의해 지탱되어 있고, 이윽고 매끈한 이야기의 필연성에 종속되어 있다. 해설의 실현은 반대로 이루어진다. 직접적인 텍스트는 순수한 모습으로 복원시켜야 하는 어떤 필연성의 언제나 다소간 요행적인 왜곡이기 때문이다. 주석에서 근본적 의미들, 의미를 나타내는 최초의 의도들을 추구하는 작업은 언제나 우리가 이야기하기 시작하기 전에 우리의 미래의 더듬거림을 주재하는 것의 추구이다. 바로 이와 같은 언어 이전의 최초의 그 무엇(문학 비평은 이것을 작가의 사상, 텍스트에서 말해지지 않은 것, 그것의 에로틱한 혹은 사회적인 무의식, 근본적 경험, 구조들이라 지칭하게 된다)의 방향으로 해설은 성실한 자세로 전진한다. 이는 루셀에 의해 불가능하게 만들어진 작업이다. 그의 글쓰기, 다시 말해 그의 유일한 '전(前)텍스트(prétexte)'가 기대고 있는 유일한 저장고는 하찮고 평범한 형태로 된 언어 자체이다. 우리가 우연히 부딪치는 낱말들 말이다. 루셀의 산문들은 통일된 의미를 자신의 중심으로 귀착시키는 대문자 말씀(le Verbe)에 더 이상 의거하지 않고, 흩어진 상태로 있는 언어가 '있다'는 바로 그 사실에 의거한다. 의미의 원리에 지배하는 것은 우연이다. 필연성은 다만 글쓰기에 속한다. 언어의 가능성은 메를로 퐁티가 그의 가장 아름다운 대목에서 내세우게 되었던 그 창의적 표현성 자체도 아니고 **낱말들**이며, 이것들은 근본적 흩어짐 아래에서는 아무것도 감지할 수 없게 만드는 일상의 낱말들이다. 라 브뤼예르가 "모든게 언급되어 있는데, 생각하는 인간들이 존재한 지 7천 년 전부터 사람들은 너무 늦게 온다"라고 부르짖었을 때, 그는 양식들(styles)과 장르들을 통해 유지되는 결정적 의미의 무한한 지속을 분개하여 지시하고 있었다. 아마 의미의 태양 아래 새로운게 아무것도 없었을 것이지만, 이 태양은 가능한 모든 언어의 불가피한 새벽으로 언제나 남아 있었다. 루셀의 진부한 이야기들, 그리고 자기 자신에 부재하는 것 같은 그 밋밋한 양식은 아마 그 고전적인 비관주의보다 더 불안을 야기한다. 여기서 아무것도 언어의 태양에 선행하지 않는다. 그리고 새로운 모든 이야기들은 분명하게 필연으로 엮어져야 했던 낱말들, 끌어모아진 그런 낱말들의 해묵은 광채들이다. "언어가 기원에 있는 자신의 태양과 결코 동시대적이지 않다는 것을 알리는 언어에 대한 근본적인 경험"(《말해진 것과 씌어진 것》, t. I, p.204)[7]인 것

---

7) 다음에 나오는 모든 인용들은 이 책으로부터 발췌된 것이다.

이다. 기원에는 오래전부터 이미 파편화된 언어 자체 이외에 아무것도 없다. 현상학은 한때 언어를 아직 말해지지 않은 사물들의 순수성에 연결시킨다는 과제를 설정할 수 있었다. 우리가 기억하다시피, 메를로 퐁티가 수없이 되풀이한 후설의 형식에 따라 무언의 경험을 "그것 자체의 의미의 순수한 표현"으로 이끈다는 것은 역설적이고 무한한 과제이다. 사람들은 말없는 사물들이 그것들의 이름을 깨어 있는 현상학자의 주의력으로 향하게 하기 위해 일어서는 그 순간을 몽상할 수 있었다. 기원이라는 절박한 테마는 시간·언어·사물들의 우묵한 공동(空洞)에서 그 '함께 태어남(co-naissance)'을 목표로 하고, 그것들이 그것들의 정체성의 상호성을 교환하는 그 순간을 노린다. 따라서 언어는 사물들이 그것들이 지닌 명칭의 정당함에 따라 정돈되는 그 시원적 순간을 전제한다. 푸코가 루셀의 작품에서 그리고 보다 폭넓게는 현대 문학에서 드러냈던 것은 이러한 꿈의 구체적인 전복이다. 사람들이 메타 언어의 개발로서, 문학 언어의 적나라한 자기 준거성(autoréférentialité)으로서 평범하게 기술했던 것 속에서 푸코가 보고자 했던 것은 현상학자들의 실패를 확고하게 만드는 글쓰기 경험이다. "얼굴들과 선들에 대해 절대적으로 아침에 이루어진 어떤 최초의 언표는 결코 불가능하며, 문학이 빗나간 현상학의 이름으로 혹은 그것의 영향 아래 때때로 과제로 삼았던 사물들의 그 시원적 다가옴도 결코 불가능하다. 허구의 언어는 이미 말해진 언어 속에, 결코 시작된 적이 없는 속삭임 속에 편입된다. 아무것도 여명에 말해지지 않는다."(p.281) 그러나 무한히 그 자신을 앞지르는 이와 같은 언어는 특수한 방식으로 둘로 갈라지며 스스로를 반복한다. 해설은 텍스트가 그 자체로는 죽어 버린 문자라는 테마에 의거했다. 해설은 언제나 약간은 먼지투성이인 글들에 생명을 부여하며, 그것들 속에서 잠자고 있는 의미의 온전한 생명을 일깨우게 된다. 반대로 루셀은 언어 사용의 생생한 짜임에서 조각들을 뜯어내는 데 집착하며, 그것들을 확실하게 파괴한 후에야(문장들의 폭발, 극단적인 의미론적 변질 등) 비로소 반복한다. 산문들 가운데 가장 밋밋하고 가장 세심한 것에서 루셀은 낱말들의 일상적인 생생한 움직임을 무화시켜 (환상적인 상상력이나 창의적인 힘에 입각해서가 아니라 이와 같은 폐기 자체에 입각해) 그것들로부터 전혀 새로운 허구들을 끌어낸다. 문학은 언어의 죽임이고, 이미-말해진 것의 탈진이다. 반대로 해설은 그것이 반복하는 데 힘을 다 소진하는 어떤 살아 있는 대문자 파롤, 즉 말해야 할 낱말들의 또 다른 의지처를 언제나 지시했다.

하나의 작품이 언어의 소모이고자 할 때 문학과 같은 무언가가 시작된다.[8] 이로부터 사드의 역사적인 중요성이 비롯된다. 그는 언어를 섹스와 폭력의 위반적인 형상들에 최초로 종속시킨 작가가 아니라, 잔인성과 욕망의 연출에 리듬을 주는 그 논증적 텍스트들 속에서 루소와 계몽주의 세기의 모든 이론가들의 담론들을 모방하고 전복시키는 작가이다. 인간·자연·신

---

8) 푸코는 1964년에 행한 미간된 강연(브뤼셀의 생루이대학에서 행한 〈언어와 문학〉)에서 이와 같은 총체적 흡수의 시도의 예로서 모든 다른 책들을 반복해야 했고, 동시에 그것들을 불가능하게 만들어야 했던 말라르메의 **대문자 책**(le Livre)을 제시한다.

에 대해 언급된 모든 것은 그 속에서 무화(無化)되어 나타나게 된다. "이 이차적 담론 안에서 미래의 언어가 더 이상 아니라 실질적으로 표명된 모든 언어가 다른 방식으로 소모되어 있다."(p.256) 다시 한번 미래로 방향이 잡힌 본질적인 도전이 나타난다. 《쥘리에트》《쥐스틴》《소돔의 1백20일》은 "아마 아무도 들을 수 없을 그 유일한 대문자 담론"을 통해서 인간과 인간의 욕망에 관한 미래의 인류학적이고 이미 획일적인 논고들을 불가능하게 만들고 있기 때문이다. 다른 언어들을 파괴하는 조롱에 따라 정리되는 글쓰기의 실현은 사드를 문학에 진정으로 입문시키는 자로 만든다. 그리하여 문학은 푸코가 **수사학**이라 명명하는 것과 대립된다. 작품을 만드는 그 순간은 초라하게 인간적인 낱말들을 가지고 근본적인 대문자 말씀의 찬란함을 반복하는 것이다(이 낱말들은 그것을 감추면서 동시에 드러낸다). 여기서 하나의 온전한 글쓰기가 근본적 대문자 파롤의 반복으로서 하나의 순수한 대문자 사유의 그림자를 복원하는 데 온 힘을 다 쏟고 있었다. "사드와 동시대에 일어났던 커다란 변모 이전에, 훨씬 더 오래된 방식으로 문학은 수사학의 방식으로 스스로를 반성하고 비판하고 있었다. 왜냐하면 그것은 어떤 대문자 파롤, 다시 말해 은거해 있지만 절박한 대문자 파롤(진리와 법칙)에 거리를 두고 의거하고 있었으며, 문채(文彩)들을 통해서 이 파롤을 복원해야 했기 때문이다."(p.279) 수사학은 드러내면서 감추는 문채로서의 글에 대한 하나의 사상으로 우리를 끌어들였다. 이것은 기호와 의미의 변증법인데, "우리 문화에서 미사여구에 치우친 모든 경향"(p.331)을 나타낸다. 사드 · 말라르메 · 루셀 이후로 문학은 어떤 순결하고 말로 표현할 수 없는 대문자 그 무엇을 반복하지 않고, 오래전부터 사용된 이미 말해진 것(un déjà-dit)을 반복한다. 수사학적 장치에서 일찍이 말해질 수 있었던 것은 언제나 그 수단을 말해지지 않은 시원적인 것(결코 완벽하게는 말해질 수 없을 것이라는 의미에서) 속에서 찾아냈다. 루셀에 이르러 말해지지 않은 것(그 공상적인 기구들, 그 믿을 수 없는 이야기들)은 세밀하게 탈구조화된 평범하고 낡은 낱말들의 막연한 효과에 지나지 않는다. 예전에 글쓰기는 영웅적이었다. 죽음과 망각에 대항해 그것은 문학적 영광의 불멸성을 약속해 주었다. "죽음과 이웃하고 있지만 죽음에 대항해 서 있는 그 공간, 이야기가 그것의 자연적 장소를 발견하는 공간"(p.251)이었던 것이다. 문학이 오늘날 죽음에서 발견하는 것은 더 이상 어떤 외적 버팀목이 아니라 하나의 요소와 하나의 환경 같은 것이리라. 왜냐하면 이제 사물들의 태생적 신선함과 시원적 의미를 복원하기 위해 글을 쓰자는 것이 아니라, 언어의 장치를 흔들어 "기원의 절대적 물러남, 사물들이 거기 존재하고 언어가 최초의 동물들을 명명하는 그 아침의 본질적인 소멸(…), 기원의 가시적인 비어 있음"(p.284)을 인정하는 서명을 하자는 것이기 때문이다. 언어의 이와 같은 무한정한 겹침 속에서 연출되는 것은 이제 메를로 퐁티의 경우처럼 의미가 그것이 확립되는 운동을 통해 드러내는 은밀한 삶이 아니라, 그것의 탈진이고 끝없는 단말마이다.

낱말들의 빛

문제의 '방식'에 따라 씌어지지 않은 루셀의 책들(《시각》《콘서트》《원천》)이 있다. 그렇다면 그것들은 사후의 작품 속에 드러나지 않는 다른 방식들에 따라 씌어진 것인가? 푸코는 그렇게 생각하지 않는다. 그러나 우리는 이 작품들이 《로퀴스 솔뤼스》와 《아프리카의 인상》과는 무관하다고 생각할 수도 있을 것이다. 설사 그것들을 체계적으로 대립시키는 대칭 효과에 의한 것이라 할지라도 말이다. 한쪽에는 묘사적 산문들이 있는데, 이것들은 시적 방식들에 의거하고 있다고 말해진다. 다른한쪽에는 매우 평범한 묘사들을 나열하는 운문으로 된 장시(長詩)들이 있다. 그러나 이는 순전히 형식적인 차이이다. 특히 어떻게 이 시들이 본다는 것과 말한다는 것의 일정한 관계, "대문자 방식의 근본적 기하학"(《레이몽 루셀》, p.126)을 은밀하게 그려내는 그 관계를 드러내는지 포착해야 할 것이다. 그 장시들은 "광경들"(p.133)이고, 비정상적으로 꼼꼼하고 환상적으로 세밀한 묘사들이다. 그러나 그것들의 조직은 시선의 입장에서 볼 때 그것들을 **불가능하게** 만든다. 여기서 가시성은 더 이상 사물들과 시선의 행복한 만남으로 작용하지 않는다. 루셀이 묘사하는 것은 메를로 퐁티가 《지각의 현상학》에서 드러내는 객관적 독단론의 악몽이다. 그것은 비인격적인 수신자 주체의 시선에 대량적으로 주어지는 사물들이고, 대문자 존재의 단순한 결과로서 절대적인 가시성, 생명체의 존재에 의해 설치된 우묵

함도 전망도 없는 그런 가시성이다. 《시각》에서 루셀의 세밀한 묘사들이 우리에게 제시하는 것은 "공백이 없는 가시성," 그러나 "아무에게도 제시되지 않는" 그런 가시성이며, "관점이 없는 세계," 사물들이 "척도의 기본적인 부재"를 통해 전달되는 그런 세계이다. 육신의 시선의 요구에 의해 더 이상 지배되지 않는 언어와 빛 사이의 관계가 확립된다. 그것은 "시선 밖에 있는 가시성이다. 그래서 우리가 렌즈나 자동차 납세필증 같은 것을 통해 그것에 접근하는 것은 눈과 눈이 보는 것 사이에 어떤 도구가 있음을 특기하기 위해서도 아니고, 광경의 비현실성을 강조하기 위해서도 아니다. 그것은 후퇴 효과를 통해서 시선을 괄호 속에 넣고 다른 척도에 맞추기 위해서이다. 이와 같은 괴리를 통해서 눈은 그것이 보는 사물들과 동일한 공간 속에 위치하지 않는다. 그것은 그것들에게 자신의 관점도, 자신의 습관도, 자신의 한계도 받아쓰게 할 수도 없다."(p.136) 엄격하게 묘사적인 글쓰기는 지각하는 의식의 모든 규범들에 낯선 자신을 발견한다.

빛과 언어의 고전적 구성이 존재했다. 즉 언어는 볼거리를 분명하게 주지만, 언제나 언어보다-앞에-있는-것(un avant-le-langage)을 전제한다. 사물들이 회색빛 속에 잠겨서 자신들의 이름, 그것들을 철저하게 비추고 투명하게 만들어 줄 이름이 일어서는 것을 기다리는 신화적 순간이 있다. 그러나 차례로 이 이름은 이처럼 비추는 효과를 보다 오래된 양보로부터만 획득한다. 즉 성 요한의 전통에 따른 **말씀-빛**, 혹은 감각론자들의 **경험**에 의존하는 것 말이다. 여기저기서 윤곽은 동일하다. 즉 낱말들과 사물들은 분리되어 있고, 그것들 사이에 조명의 그 모호한 운동이 있다. 많은 유희들이 허용되지만 언어는 언제나 볼거리를 주는 그것의 능력을 그것보다 앞선 어떤 빛으로부터 얻고 있다. "그러나 나(푸코)는 [루셀의 작품에서] 태양과 언어가 …… 경험이 단단하게 묻혀 있지 않은지 알고자 애쓴다."(p. 200) 루셀은 빛의 체제들을 이동시키고, 어둠과 광채의 인정된 분할을 이동시킨다. 그리하여 《시각》《원천》《콘서트》의 묘사들은 그것들의 빛나는 평범함에 있어서 비정형적이 된다. 그 이유는 여기서 빛은 낱말들에 정확하게 부합하기 때문이다. 미리 주어진 어떤 광경에 대한 문장들을 분절하는 힘든 작업을 느끼게 할 수 있는 불명확·불확정·모호함·흐릿함의 유희는 전혀 없다. "보여진다는 것은 시선의 효과가 전혀 아니다. 그것은 한계에 봉착하지 않고 확언되는 자연적 속성이다."(p.139) 진부함을 드러내는 효과는 엄청나다. 발견의 어떠한 감정도 우리가 사물들을 진정으로 만나지 않는데도 스스로를 드러내는 그것들의 제시를 결코 부각시키러 오지 않기 때문이다. 단순한 장치가 이 시들의 과도한 갑갑함을 낳는다. 어떠한 빛도 사물들의 언어를 선행하지 않기 때문이다. 단 한번의 운동으로 사물들은 말해지고 빛으로 옮겨진다. 사물들은 정확히 **그것들의 가시성을 철자로 말한다**. 루셀은 감각적인 것의 복잡한 조직을 선조적인 담화성(추론성)에 따라 각인하려 하지 않는다. 운동은 하나의 목록 혹은 카탈로그의 운동이다. 가시적인 것은 정확히 낱말에서 낱말로 제시된다. 합승마차의 마부에 대한 묘사를 보자. "그는 힘이 세고 근육질이다. 그의 실크해트는/견고하게 만들어져 있고, 넓고, 과도하며 거대하다./그의 제복은 천이 많이 들어가고 길다. (…) 마부는 조용하고 양순한 살찐 할아버지이다./그의 평온하고 악의 없으며 기름진 얼굴은/그에게 푸파르[9] 같은 이상한 외모를 부여한다."(《콘서트》) 감각적인 것의 모든 풍요로움은 아무것도 돌출되지 않는 낱말들의 작은 꾸러미들로 전달되는 이산 단위들을 통해 뒤죽박죽으로 우리에게 제시된다. 형용사들의 정확한 윤곽에 맞추어진 감각적인 것 말이다. 제복의 촉감, 그것의 측정할 수 있는 길이, 마부의 비만, 그의 얼굴, 이 모든 것은 어떠한 계층 체계도 제한도 없이 우리에게 제시된다. 모든 감각적인 것은 방울방울 낱알처럼 떨어지는 낱말들로 되어 있다. 그리고 비가시적인 것도 마찬가지이다. "그는 꾸밈없이 진실을 항상 이야기한다./그의 솔직함은 동시에 그를 신뢰할 수 있게 해준다. 사람들은 그에게 말할 수 있으리라: '밤이 된다' 괘종시계가/정확히 정오를 나타낼 때, 그는 대답할 것이다. '정말이야' /왜냐하면 그는 사람들이 그에게 거짓말하고,/그들이 자신들의 사유를 가장한다거나 그들이 속인다고 전혀 가정할 수 없기 때문이다./그는 사람들이 부패시킨다고 전혀 생각하고 싶지 않았다/어떤 경우들에 있어서 상당한 액수의 돈을 통해서 다른 사람들을." 마부의 심리는 상상적인 목소리들, 세월이 준 경험에 접합된 그의 실존적 태도들이 서로 접목되는 허구적 장면에 의해 예시되는데, 모든 것은 그의 얼굴이 드러내는 기름진 모습과 그의 제복이 지닌 길이와 더불

---

9) 게의 일종임. 〔역주〕

어 우리에게 제시되고 있다. 눈에 띄는 과도적 상태나 통로도 없이 말이다. 그 모든 것은 하나의 의식이 광경으로서 확보할 수 있다고 생각되는 것의 한계를 훨씬 넘어서는 "엉뚱하고 수다스러운"(p.145) 그 가시적인 것의 무한한 장황인 것이다. 왜냐하면 말없는 광경의 언어적 표현이 여기서 시도되고 있는 것이 아니기 때문이다. 언어는 하나의 목록을 계속하며 가시적인 것, 상상적인 것, 과거의 시간, 내적 깊이의 지대들을 동일한 실로 짜고 있다. 모든 것은 단조로운 담화성의 빛을 받으며 표면에 현존한다. 왜냐하면 아무것도 이 언어를 선행하지 않기 때문이다. 사물들과 계시적인 그 어떠한 접촉도 없으며, 어떠한 근본적인 조명적 말씀도 없는 것이다. 언어는 그 자신에게 그 자체의 빛이다. 보다 잘 말하면 사물들의 가시성은 그것의 결과, 혹은 그것의 흔적으로서 사물들의 언술 행위의 항적 속에서 제시된다. 감추어진 것도 침묵하는 것도 전혀 없다. 언어(그러나 하나의 문학 전체가 언어 속에서 자신의 가장 결정적인 의미를 발견했다)는 비가시적인 것, 혹은 말로 표현할 수 없는 것을 더 이상 접근해서는 안 된다. 그것은 다만 그것의 싫증난 실타래를 풀어내는 것이다. "이것이 순진하고 야성적인 상태에 있는 여명의 방식이다. 너무도 눈부시기 때문에 비가시적이 되는 방식, 방식이 없는 방식인 것이다."(p.149) 루셀의 언어가 지닌 비밀은 그 어떤 다른 곳에서도 언어의 빛을 수용하지 않으면서, 그것을 가시화시키는 조건들을 창출시키는 그 글쓰기 속에 있으며, "이것이 언어로 하여금 언어가 말하는 것과 동일한 탄생을 하도록 하는 것이다."(p.147) 그것은 "언어의 실타래가 가시적인 것의 연쇄와 이미 교차하는"(p.148) 담론의 비밀이다. 그러나 이 "가시적인-말하는 것(Visible-Parlant)"은 묘사적 시들과 산문으로 된 이야기들에서 어떤 방식, 다시 말해 낱말들과 가시적인 것들을 상대적 외재성 속에 제시한다고 보여지는 어떤 방식(왜냐하면 산문으로 된 이야기들의 방식에 따르면, 사람들은 낱말들로부터 가시적인 것들을 **끌어냈기** 때문이다)에 의해 **고정되어** 있는 것이 아니다. 그것은 매우 명백하기 때문에 오히려 모호하게 되는 비밀로서 그 자체로 주어진다. "그가 그것의 절대적인 투명성을 얻게 된 것은 처음부터 그것을 모호하게 남겨두는 그 비폭로(non-dévoilement)를 통해서이다."(p.132) 그리하여 푸코가 보기에 시들은 《아프리카의 인상》과 《로퀴스 솔뤼스》와 합류한다. 모든 놀라운 기구들과 탑들은 그것들의 세밀한 구성에서 뒤틀어진 문장들에 의존했고, 극도의 의미론적 변질을 겪게 되는 낱말들의 커플들에 의존했다. "언어로부터 만들어진"(p.85) 기구들, 그것들은 그것들에 대해 가시성의 완전한 표면을 제공한다. 그것들은 묘사되지만 그것들이 보여주는 것은 옛 낱말들의 반복으로부터만 획득된다. 바로 낱말들을 반복하고, 탈(脫)이중화하고, 깨버림으로써 루셀은 장면들을 나타나게 하는 데 성공한다. 그리하여 우리가 언젠가-본 것이라고 생각했던 것은 사실 이미 말해진 것이었다.

푸코는 《레이몽 루셀》을 통해서 현상학적 시도의 문제적 핵심을 분명하게 전복시키고자 했다. 어떤 말없는 의미로 생명력을 띤 가시적인 것이 로고스를 통해 그것의 승화를 기다리는 그 가정된 시원적 경험 말이다. 기원의 어두운 핵은 현상학에서 낱말들과 사물들이 상호적인 불꽃들로 서로를 비출 수 있게 해주는 투명한 요소로서 작용한다. 그러나 루셀의 언어는 그것의 주름들의 유일한 유희를 통해서 볼거리를 제공하는, 기원 없는 언어로서 제시된다. 그것은 "탈이중화된 언어이며, 그 내부에 자리잡으러 오는 것은 이와 같은 거리에 대한 유일한 부름을 통해 창출된 가시적 장면이다."(《레이몽 루셀》, p.155) 푸코는 그것을 "갇힌 태양"(p.206)의 이미지를 통해 설명한다. 그것은 그 자신밖에 보여줄 것이 없는 비밀을 지닌 언어인 것이다. "형태들의 장소를 구성하는 것은 그것이 그리는 공간과 함께하는 그것 자체이다."(p.203)

파열된 주체

자신을 되찾고, 결국 유배된 정체성을 재정복하기 위해 글을 쓴다는 것, 아마 이것이 성 아우구스티누스로부터 프루스트까지 위대한 자서전적 이야기들의 과제였다 할 것이다. 그보다 글쓰기의 현대적 경험은 베케트의 언급, 즉 "누가 말하는가는 문제될 게 없다, 어떤 사람이 '누가 말하는가는 문제될 게 없다'고 말했다" 쪽에 위치되어야 할 것이다. 그러나 루소의 《대화편》에서 자전적 글쓰기는 이미 자아의 파편화, 그것의 모의된 불행한 해체를 실현하고 있지 않은가? 푸코는 이 텍스트에 서문을 쓰면서[10] 또 다른 교훈을 주고 있다.

《고백록》에서 하나의 유일한 예외적 자아는 그것이 그 자체에 대해 **다른 사람들**에게 주었던 일련의 허구적 인상들을 전개하면서 모든 것을 한탄한다. 그러니까 그것은 자기 자신을 추구하지 않는다. 그것이 길을 잃었던 것은 오직 다른 사람들 때문이다. 그들에게 그것은 시원적으로 선한 자아의 통일성을 드러내면서 나타나라고 요구한다. 이 자아의 형상들이 지닌 모호함에도 불구하고 말이다. "이러한 의미에서 《고백록》의 언어가 그것의 철학적 거처를 찾아내는 곳은 시원적인 것의 차원, 다시 말해 자연의 존재 속에 나타나는 것의 토대를 성립시키는 그 가정(假定)이다."(p.176) 《대화편》은 골절상을 입은 주체의 경험을 갑자기 전달하게 되지는 않는다. 그 속에서 《고백록》의 장치는 뒤틀린 것이 아니라 단순하게 전복되어 나타난다. 고결한 장 자크를 방어하는 정직한 루소에게 범죄적 장 자크를 환기시키는 익명의 프랑스인이 분명히 있다. 그러나 《대화편》의 움직임은 애매한 말들의 유희를 통해서 청렴한 '장 자크 루소'의 완전함, 오해들의 틈 사이에 잠재적으로 설정된 그 완전함을 가능하게 하는 데 전력을 기울인다. 큰 소리로 읽는 독서를 통해서 자신을 승화시키라고 요구했던 글쓰기(《고백록》의 글쓰기)를 넘어서지 않는 이쪽에 예전에 위치했던 것은 이제 생생한 파롤들의 다시 베껴쓰기에 의해 막연하게 윤곽이 드러난 어떤 내세에서 피난처를 찾아낸다. "삼각형의 꼭대기, 다시 말해 장 자크와 합류한 루소가 있는 그대로의 존재로 프랑스인에 의

---

10) Introduction(1962), in *Dits et écrits*, t. I, p.172–188. 다음에 오는 모든 인용문들은 이 책에서 발췌될 것임.

해 인정되고, 진정한 책들의 저자가 범죄들을 저지른 가짜 주범을 사라지게 하는 순간은 죽음이 증오를 진정시킨 후 시간이 그것의 시원적 흐름을 재개할 수 있을 때 어떤 내세에서나 도달될 수 있을 것이다."(p.178) 따라서 주체로 보면 시간 속에서 단순하게 이동된 자기 **설정**이 글쓰기를 통해 다시 한번 이루어지고 있다. 근대의 경험은 글쓰기와 주체의 약속된 이와 같은 종합 속에 더 이상 다시 처하지 않는다.

그렇지만 사람들은 해묵은 자기 기만만이 저자로 하여금 그가 자기 작품의 주체라는 점을 믿게 할 수 있었다고 말하지 않는다. 다만 사람들은 단절들을 식별하고자 한다. 새로운 경험은 이것을 지탱하는 주체가 무너지는 글쓰기에서 일어난다. 말라르메 작품에서 사라짐, 바타유의 경우 뽑혀짐, 블랑쇼의 텅 비어 있음, 아르토의 작품에서 찢겨짐, 클로소프스키[11] 작품에서 분열, 루셀의 희생 같은 것 말이다. 사람들이 스스로를 작가로 인식하는 방법을 배웠던 글쓰기, 아름다운 내면성이 조명적 담화성/추론성(물론 이 담화성은 언제나 다소 배반적이지만, 주체는 **그 속에서 자신을 표현했다**)을 따라 전개되었던 그 글쓰기는 이윽고 박탈의 형상들을 떠오르게 만든다. 말라르메는 글쓰기가 말해진 사물들과 결정적 작별을 함과 동시에 그것들을 진술하는 자의 사라짐을 야기한다고 고백했던 첫번째 인물들

---

11) 클로소프스키(Pierre Klossowski, 1905-2001)는 프랑스의 소설가 · 에세이스트 · 번역가로서 니체 · 하이데거 · 비트겐슈타인 등을 번역 소개했으며, 3부작으로 된 소설 《환대의 법칙 *Les Lois de l'hospitalité*》은 그의 대표작이다. 〔역주〕

가운데 한 사람일 것이다. 훗날에 바타유의 그 견딜 수 없는 이야기들, 다시 말해 글쓰기의 극단적 해체가 저자의 평판을 위태롭게 만드는 그런 이야기들이 나타난다. 이 해체가 그가 전율하는 어떤 황홀함의 가능한 가장 정확한 표현이기 때문이 아니라, 무너뜨리고 분산시키는 것은 바로 그 언어이기 때문이다. 이 언어를 있을 법하지 않게 만드는 것은 경험이 아니며, 주체의 불가능성을 표명하고 주체를 침묵시키는 것은 하나의 글쓰기 경험이다. "바타유의 언어는 (⋯) 그것을 열심히 유지하려 시도했던 집요한 가시적 주체를 황홀함의 무기력 속에 벌거벗겨 놓아두면서 그것 자체의 공간의 중심에서 끊임없이 무너지며, 주체에 의해 배척된 것 같은 상황에 처한다."(p.240) 글쓰기 경험은 저자로 하여금 영속적으로 격퇴되는 "부러짐(fracture)"의 폭력에 부딪치지 않을 수 없게 만든다. "바타유의 작품은 (⋯) 이제 막 발언하고 그 발언 속에 자리잡은 나(Je)에 대한 체계적인 이탈을 통해서 파롤의 상이한 층위들로 끊임없이 이동하는 현상 속에서 이러한 경험을 보여준다."(p.243) 한편 블랑쇼는 "가공되지 않은 존재, 전개된 순수한 외재성으로서의"(p.519) 언어의 단언이 어떤 나(Je)의 명상과 양립 불가능다는 것을 확인한다. "언어의 존재는 그 자신에게 주체의 사라짐 속에서만 나타난다."(p.521) 언어의 진정한 "주체"는 인간이라기보다는 "언어가 무한하게 확산될 수 있는 절대적 개시"(p.519)이다. 아르토의 경우를 보면, 글쓰기는 외침의 에너지들 및 육체들의 난폭함을 되찾는 도취에 의해 끊임없이 침식되는데, 주체에게 "학대와 찢겨짐"(p.522)이 된다. 보다 정신적인 클로소프스키는 흉내(simulcre)의 유희를 하면서(그의 인물들에게 존재한다는 것은 자기 자신과 다른 사람들에게 자신을 흉내내는 것이다) "절대적 조작자(Opérateur)"의 결단성 부재 속에서 어떤 이야기들, 다시 말해 누가 말하는지 독자가 더 이상 정확히 알 수 없는 그런 이야기들에 다다른다. 이 이야기들에서는 말하는 그 무엇보다는 "서로서로 '속삭이는' 것은 아마 이 사람들도 저 사람들도 아니고 목소리들의 그 겹침일 터이다."(p.337) 이 이야기들은 나(le Je)가 자신의 확대를 아는 마스크들의 코미디이다. 작품은 저자에게 최후의 구체적인 패배를 요구할 수조차 있는 것 같다. 루셀이 수수께끼 같은 놀라운 것들을 낳기 위해 자신의 글쓰기 방식들을 세심하게 적용했을 때, 이런 발상에 고무되어 있었다. 즉 자신이 죽은 후(곧 그리고 가능한 일찍이) 하나의 텍스트(《나는 어떻게 내 책들 가운데 일부를 썼는가》)가 나타나서, 그의 불투명한 기구류들, 수수께끼 같은 구축들이 투명한 언어적 실현들 속에서 빛을 발할 수 있을 만큼 충분한 깊이를 전달하리라는 것이다.(《레이몽 루셀》, p.76-77 및 85-86) 루셀이 쓴 각각의 문장은 그것이 씌어지는 바로 그 순간에, 무언가 계시해 주는 사후의 출간을 향해 탐욕스럽게 신호를 보낸다. 그것은 "방식의 일반적인 메커니즘을 지닌 본질적인 파편이며, 숙명적으로 바늘들과 바퀴들을 끌어들이는 무게——루셀의 죽음——이다. 무한한 반복, 팔레르모에서의 유일하고 결정적인 몸짓을 노래하는 그 모든 형상들은 이미 현재인 미래로서 새겨져 있다."(p.76) 여기서 아마 우리는 루셀의 경험으로부터 더없이 멀어져 있다 할 것이다. 사실 몰이해들(《고백록》을

읽고 질겁한 침묵)과 비정상적인 비난들(《대화편》이 벗기려고 시
도하는 마스크들의 다양화)이 증가하고 있는 것처럼 보이는 세
계, 증오와 시샘이 가득 찬 세계에서 가능한 유일한 출구는 루
소가 볼 때 정화의 유일한 작동자인 자신의 죽음이 된다. 다만
육체적인 죽음, 다시 말해 정열들을 소멸시키는 죽음을 넘어서
진실하고 선량한 장 자크 루소, 자신의 작품을 통해 언제나 살
아 있으며 분명히 현실적이고 그가 자신에게 부여하는 있는 그
대로의 장 자크 루소는 당연히 해체되게 된다. 한편 루셀의 죽
음(사후의 텍스트 출간을 초래하는 죽음)은 작품의 유일한 완성
을 보장하며(그 작은 환상적 이야기들에서 문제되는 것은 그것들
의 글쓰기였다는 뛰어나게 메마른 확인 속에서 말이다) 병들고 불
쌍한 작은 루셀(특히 그가 자신의 작품 때문에 죽었고, 이 작품에
자신을 희생했다고 말해서는 안 되고, 그보다 작품이 이 죽음을
중심으로 하나의 장으로 구축되었다고 말해야 한다)은 자네의 의
학적 보고서의 별로 영광스럽지 못한 형태로 사후의 책의 부록
속에 자리잡게 된다. 이는 이전의 《고백록》에 대한 조롱적인 반
향이다.

거리

P. 리쾨르[12]는 위대한 고전적인 이야기들이 끌어들일 수 있

---

12) *Temps et récits*, Le Seuil, 1983.

었던 것을 오랫동안, 그리고 정확하게 규정했다. 서술적 구조 속에 재전개된 우리의 시간적인 경험은 이 구조를 통해서 본질적으로 인간적인 의미를 부여받는다는 것이다. 이야기로서 생각되도록 제시되는 일상적 행동의 실천과 주의 깊은 독자에게 열려진 행동 가능성들 사이에 위치하게 될 때, 허구적인 큰 줄거리는 시간의 논리적 궁지들을 해결한다는 것이다.

이야기는 아마 시간의 주름을 펴는 데 집착한다 할 것이다. 그러나 이는 이미 호메로스의 위대한 이야기가 그려냈던 그런 문식(figure), 즉 기원의 반복(서사적 모델을 위해 율리시스가 더 없이 오랫동안 유배된 후 고향땅으로 귀환하는 것 말이다. 그러나 우리는 또한 작은 민담들의 순환적 구조, 예언적인 양식(style)을 통한 어떤 최초 약속의 실현, 마지막에 가서야 만족되는 추구를 담는 이야기들과 같은 것 등을 언급할 수 있을 것이다)에 따른 것이다. 헤겔이 《정신현상학》에서 자신이 취한 결정들의 담화적 총체성을 통해서 자기 자신에게 스스로를 드러내는 의식의 모험을 창출하고 있다면, 바로 이러한 해묵은 원리를 재발견함으로써 기원이 반복될 때 종말에 도달했다는 확신이 이루어지는 것이다. 탈선한 존재들을 글로 쓸 수 있는 가능성의 드러냄을 통해서 이 존재들에 대한 끈기 있는 진술을 마감함으로써 이러한 모델을 완성하는 것은 프루스트의 몫이 되었다. "프루스트는 되돌아온 시간의 해방과 함께, 이 시간을 이야기하게 해주는 것이 시작되는 순간까지 자신의 이야기를 이끌어 갔다."(p. 265)

따라서 허구적인 방대한 이야기의 글쓰기는 기원으로 하여금 이윽고 반복되는 과정에 있게 해주는 그 개시의 경험으로 오랫동안 느껴졌다. 회귀의 커브로부터 줄거리는 그것의 가장 강력한 원동력을 끌어냈고, 이야기는 그것의 신화적인 위대한 힘들을 끌어냈다. 그러나 여기서 중요한 것은 단순한 테마들, 능숙한 방식들, 혹은 형식적인 서술적 구조들이 아니다. 회귀의 문식에서 이야기가 시간에 속하는 그 귀속은 글을 쓰는 행위의 중심 자체와 결합되어 있었다. "오랜 세월 동안 글을 쓴다는 것은 시간에 따라 질서가 잡혔다. (…) 시간의 엄격성이 글쓰기에 영향을 미친 것은 글쓰기가 쓰고 있던 것을 통해서가 아니라 그것의 두께 자체에 의해서이다. (…) 글쓰기는 과거나 그 이외의 시간에 호소하면서, 연대적 순서들의 질서에 따르면서, 혹은 이 질서를 해체하는 데 열중하면서 하나의 근본적인 커브 속에서 포착되었다. 이 커브는 호메로스적인 회귀의 커브일 뿐 아니라 유대교의 예언들이 완성되는 커브이다. 우리의 탄생 장소였던 알렉산드리아는 이러한 순환을 서구의 모든 언어에 명령했었다. 글을 쓴다는 것, 그것은 회귀하는 것이었다."(p.407)

블랑쇼·라포르트·베케트 이후로 하나의 문학이 이와 같은 관계를 해체하기 위해 부각된다. 그리하여 언어는 "공간으로 직조되고" "공간에 바쳐진"(p.411) 것처럼 나타난다. 기원이 없는 이 언어는 사물을 그것이 어떤 시원적인 경험 속에서 주어진 것처럼 더 이상 복원할 필요가 없고, 주체성의 핵이란 통일성 속에 더 이상 뿌리내리지 않으며, 끝으로 시간을 되찾는 데 더 이상 집착하지 않는다. 그러한 언어는 순수한 외재성 속에서 전개된다. 각각의 낱말은 (대상, 주체, 혹은 시간의) 총체적인 재정복을 향한 또 하나의 단계를 구성하는 것이 결코 아니라, 그것의 흩어짐 속에서 자신의 존재를 부각시킨다. "사람들은 기원에서 결코 이야기하지 않으며, 멀리서 이야기한다."(p.283) 하나의 낱말, 그리고 다른 낱말, 이어서 세번째 낱말을 쓰지만, 회귀의 구원적인 커브나 화해(가장 완벽한 침묵, 언어의 승천의 침묵으로 마침내 침묵하게 하는 모든 것)의 감미로운 약속이 결코 그려지지 않는다. 위협을 가하는 순수한 외재성 속에서 각각의 낱말이 진열되고 주어지는 양상으로 하나하나 낱말을 쓰는 것이다(비니가 《오! 아름다운 날들》[13]에서 자신 앞에 배열하는 그 대상들처럼 말이다. 이것들은 어찌할 도리가 없는 비정형적인 혼합을 이룬다). 블랑쇼의 작품에서 우리는 어떤 대문자 말씀의 내재성을 향한 퇴각으로부터 멀어진 채 치유할 수 없는 상처처럼 **흘러나오는** 글쓰기 운동을 쉽게 발견할 수 있을 것이다. (절대적인 유배는 어떠한 고향도 없는 그 비존재 속에서 체험되는 유배가 아닌가?) "언어가 무한히 확산될 수 있는 절대적 개시"로서 말이다. 기원이 없는 하나의 언어가 푸코가 **거리**(distnce)라고 명명하는 것을 거침없이 전달한다. "펜을 잡고 쓰는 데 있는 단순한 경험은 (⋯) 세계에도, 무의식에도, 시선에도 내재성에도 속하지 않는 어떤 거리를 끌어낸다."(p.275) 그것은 언어의 고유한 요소이며 차원, 주관적인 구조물들로 환원할 수 없는 그런 차원이다. 그것은 '거울'의 무한히 피상적인 잠재적인 깊이이다. 두 개의 대면된 거울처럼 언어는 각각의 사물을 그 자체

---

13) 사뮈엘 베케트의 극작품이다. 〔역주〕

로부터 무한한 거리를 두고 위치시킨다. 대상을 글로 쓴다는 것, 다시 말해 그것을 묘사하고 환기한다는 것이 그것을 우리로부터 멀리 놓아두는 이러한 거리 속에서 명명하기 때문이 아니라, 그보다 글쓰기가 사물을 그것으로부터 환원 불가능하게 분리시키고, 그것에 '흉내'의 존재를 강제하기 때문이다. 스스로를 흉내낸다는 것은 사물의 입장에서 보면, 그것의 출현의 절대적인 외재성 속에서, 이미 오래전부터 자기 자신과 분리되어 **둘로 된** 사물의 다가옴 속에서 기원 없이 자신을 뚜렷이 드러내는 것이다. 아마 클로소프스키는 이와 같은 구조로부터 그것의 가장 아름다운 조화를 끌어낸다. "그는 자신의 언어를 하나의 흉내처럼 취급한다. 《정지된 소명》[14]은 그 자체가 하나의 흉내인 한 이야기의 흉내낸 해설이다. 왜냐하면 이야기는 존재하지 않거나 보다 정확히 말하면 그것은 그것에 대해 이루어진 이해설 속에 전적으로 존재하기 때문이다."(p.336) 따라서 끊임없이 수(繡)가 다시 놓아지는 이 모든 테마들(바깥·외재성·거리·먼 곳·분산·토로·진열·분신·거울·흉내 등)은 하나의 동일한 경험의 윤곽을 그린다. 이 경험은 기원의 부재 속에서 체험되고 단조로운 바깥("이 외부의 내부에서 언어는 끊임없이 이야기한다." p.284)에서 전개되며, 그리하여 공간과 그것의 결정적인 유사성을 엮어낸다. 그것은 결국 푸코가 '픽션'이라 명명하는 것이다. "이 거리 속에서 전진하면서 그것에 대해 이야기하는 모든 언어는 픽션의 공간이다."(p.284)

---

14) 클로소프스키의 첫 소설이다. 〔역주〕

작품의 부재

푸코는 '작품의 부재'의 경험을 문학적 글쓰기의 원칙에 놓고자 한다. 그것은 작품이 씌어지는 순간에 그것을 불가능하게 만드는 언어의 경험이다. 이 경험을 통해 작품은 그것의 부재에 연결되고, 그것의 완성에 연결되듯이 그것의 파열에 시종일관 연결된다. 작품의 중심에서 언급되는 것은 그것의 고유한 불가능성이다.

횔덜린의 경우, 그의 새로운 파롤은 매우 힘든 우리 시대에 치명적 노래를 돌려주는, 신들의 그 우회적인 수단으로부터가 아니라면 어디에서 비롯되는가? "무(無)에 대한 두려움이 야기하는 감수성에서보다는 우리의 언어에서 신의 죽음은 그것이 언어의 원리에 위치시킨 침묵을 통해서, 순순한 잡담이 아닌 한 그 어떤 작품도 덮을 수 없는 그 침묵을 통해서 심층적으로 울림을 획득했다. 따라서 언어는 절대적인 중요성을 확보했다. 그것은 다른 곳에서, 아무도 이야기하지 않는 곳에서 오는 것처럼 나타난다. 그러나 그것이 작품이 되는 것은 그것이 자신의 담론을 거슬러 올라가면서 이러한 부재의 방향에서 이야기할 때뿐이다. (…) 이러한 사건에서 횔덜린은 유일하고 전범적인 위치를 차지한다. 그는 작품과 작품의 부재, 신들의 우회적 수단과 언어의 타락 사이의 그 관계를 엮어냈고 나타냈다.(p.201) 바타유로 말하면, '위반'의 경험(p.236-238)은 작품의 입장에서 보면 작품이 표현될 때는 그것이 불가능하다는 위반을, 그것이 표현되면서 다시 무너질 때는 그것이 가능하다는 위반을 나타내는 완성/무화라는 이중적 운동이 된다. 라포르트의 경우, 가장 순수한 기다림의 글쓰기(스스로 자기 자신을 기다리는 글쓰기)는 "양보 없는 작품의 부재로 인도한다. 그러나 이 부재는 매우 순수하고 매우 투명하기 때문에, 또 그것의 광휘를 감추는 낱말들의 회색 풍경과 모든 장애물로부터 자유롭기 때문에 글쓰기가 이 부재 자체——그것이 약속된 작품처럼 빛을 발하는 비어 있음, 안개가 없는 비어 있음——가 된다."(p.265) 우리는 또 아르토를 인용할 수 있을 것이다(리비에르는 그의 잡지에 아르토의 시들을 받아들이지 않지만, 아르토가 왜 자신이 그토록 어렵게 글을 쓰는지 설명하는 편지들은 서둘러 싣는다). 그리고 아마 이 테마를 입문시킨 자였다고 할 인물인 블랑쇼를 인용할 수 있을 것이다. 그는 한 작품의 개시와 그것의 침묵을 일치시켰던 것이다. "언어는 기원과 죽음의 상호적인 투명성으로서 스스로를 드러낸다."(p.539) 우리 문학의 결정적인 한 부분에 타격을 가하는 이러한 글쓰기 경험을 구조화시키는 이 '작품의 부재'는 동시에 광기를 규정하게 된다.

광기에 대한 서양의 경험은 뒤늦게 가서야 비로소 질병의 경험이 되었다. 고전주의 시대에 그것은 우리 사회들의 입장에서 보면 담론들의 순환을 규제하는 방대한 조치들과 분리될 수 없다. "〔광기는〕 언어적 금지들의 세계 속에 포함되어 있다. 고전주의 시대의 감금은 광기와 더불어 사유와 말의 방종, 불경이나 이단의 고집, 신성 모독, 요술, 연금술——간단히 말해 비이성의 **이야기되고** 금지된 세계를 특징짓는 모든 것——을 포함시킨다. 광기는 배제된 언어이다(…). 광기를 금지된 말로 규정하는 이와 같은 억압, 피넬의 개혁은 이 억압의 수정이라기보다는 훨씬 더 그것의 현저한 완성이다."(p.417) 일단 광기가 정신병으로 정착되고, 마비 환자들의 뇌 손상이 확인되자마자 정신병 전문 의사들은 광인들의 뇌를 조사하기 위해 그들의 말에 무관심해진다는 것이다. 우리가 볼 때 의학적 약리학의 기술공학적 진보(그리고 발광의 사회적 비난을 주재하는 커다란 의례들의 종말)가 이루어짐에 따라 언어로서의 광기와 서양인의 관계는 해체된다. 이 관계는 복잡하고 변증법적이다. 왜냐하면 광인이 그의 신화적인 힘을 유지했던 것은 그가 지리멸렬한 말들을 통해서 우리의 이성 언어가 지닌 부정적인 진실, 그러나 부정적이기 때문에 드러난 진실을 나타냈다는 사실 때문이었다. 기술-의학적인 통제를 통해서 정신병은 변증법적인 애매함 없이 지식의 실증적이고 말없는 형상들과 합류한다.

프로이트가 없었다면 언어로서 재포착된 광기에 대한 고전주의 시대의 이러한 경험은 사라졌을 수도 있었을 것이다. 정신분석학의 극도의 적합성 역시 여기에 위치한다. 그것은 고전주의 시대의 경험을 보존하고 보호하기 때문이다. 동시에 프로이트는 그것을 "이동시킨다." 광인의 착란은 낱말들, 다시 말해 "그것들이 착란을 표현하는 언어를 그것들의 언표 속에서 표현하는" 그런 낱말들을 낱알처럼 하나씩 소리로 들려준다. 광인의 착란에서 말해지는 것은 전대미문의 의미들의 꾸러미이고, 동시에 그것들이 제시되는 예측할 수 없는 코드이다. 푸코가 볼 때 프로이트는 병적 나타남들 뒤에서 성적 기의의 단조로운 되풀이를 성급한 인류학의 범주에서 간파하는 그 주의 깊은 독자가 아니었고, 광기의 경험을 금지된 말들의 영향 아래가 아니라 자기 코드화하는 언어들의 영향 아래 위치시킨 최초의 인물이었다. 광인은 의미가 비어 있거나 상식에 반하여 표명된 말들을 할 사람조차도 아니다. 그의 언어는 의미의 비어 있음을 향해서 거슬러 올라간다. 착란 속에서 우리는 의미적인 것을 그것도 많이 발견하지만 명확한 의미는 만나지 못한다. 급속하게 말을 많이 증가시키는 것은 의미 생산의 통제되지 않은 벌어진 통로에 귀결될 뿐 아니라, 동시에 이 의미가 오도록 끊임없이 만들어지는 그 비어 있음(그러나 여기서 이 비어 있음은 그 자신을 위해 전진한다)으로 귀결된다. "광기는 (…) 의미의 경이로운 **저장고**처럼 나타났다."(p.418) 이러한 면에서 광기는 작품의 부재이다. 의미의 비어 있는 중립화된 가능성을 드러내기 때문이다. 그러나 오늘날 문학 역시 어떤 언어(langage)의 경험, 다시 말해 랑그(langue)의 설정된 모든 코드들을 위반하면서 자신의 운동을 통해서만 해독될 수 있는 그런 언어의 경험을 요구하러 온다. "문학은(이는 아마 말라르메 이후부터이겠지만) 차례로 조금씩 하나의 언어가 되어가고 있다. 이 언어를 보면, 그것의 파롤은 이 파롤이 말하는 것과 함께 동일한 움직임 속에서 파롤을 파롤로서 해독 가능하게 만드는 랑그를 표현한다."(p.419) 이로 인해 문학 비평의 위상과 기능 자체는 전복된 상황에 처해 있다. 문학 비평은 작품의 창조와 그것을 소비하는 순간(비평은 읽고 이해해야 할 거리를 주고 왜 사랑해야 하는지 등을 설명한다는 것임) 사이의 특권적 매개로서 더 이상 이해되지 않기 때문이다. 그보다 그것은 글을 쓸 수 있는 가능성의 비어 있는 움직임, 다시 말해 "파롤이 랑그로 귀착되고 파롤이 파롤 위에 확립되게 해주는" 비평적 움직임을 재가동시킨다. 글쓰기의 움직임을 무한히 재가동시키는 문학비평가, 그리고 환자들한테 자신들의 해석을 해석해 내기를 요구하는 정신분석가는 각자가 궁극적인 완성의 희망 없이 의미가 현기증나게 달아나는 동일한 움직임을 그려낸다. 의미의 가능성이 비어 있기 때문이 아니라 그것이 바로 이 비어 있음이기 때문이다. 이러한 비어 있음으로 재포착된 소외된 착란의 분석적 경험을 묘사하는 푸코를 생각해 보자. 이 비어 있음에서는 "어떤 의미, 혹은 다른 의미, 혹은 제3의 의미가 들어앉으러 올 수 있는 아직 완성되지 않은 가능성만이 제안된다."(p.579) 이제 그가 작가 루셀에 대해 언급하는 것을 보자. "각각의 낱말은 제2의 낱말——이것 혹은 저것, 아니면 이것도 저것도 아닌 제3의 낱말 혹은 무(無)——이 있을 수 있다는 가능성에 의해 활성화되고 파멸되고, 채워지고 비워진다."(《레이몽 루셀》, p.20)

문학이 의미가 비어 있는 것처럼 언어를 드러낸다고 말해서는 안 된다. 그것은 언어로 하여금 의미를 띠게 하는 그 비어 있음의 공간 속에서 전개된다. 이와 같은 우묵한 곳에 위치함으로써 근대 문학은 언어가 대문자 말씀이 지닌 예전의 충만함에 낯설다는 것을 발견한다. 의미의 무한한 저정고는 이야기를 하게 해주는 그 **유희**이다. 이 지점에서 루셀은 끝까지, 그리고 불안을 느끼며 자신을 유지하려고 시도했다. 언어학자들의 구별적(diacritique) 비어 있음, 신의 대문자 파롤을 대체하는 그

비어 있음 속에 자신들의 파롤을 성립시키지 않을 수 없는 근
대 작가들의 슬픈 운명이 보인다. "지시되는 사물들보다 수가
더 적고, 무언가를 말하고자 하는 의지를 이와 같은 경제에 의
존케 하는 낱말들의 결핍이 문제이다. 언어가 존재만큼 풍요롭
다면, 그것은 사물들의 불필요하고 말없는 분신이 될 것이다.
그런 언어는 존재하지 않을 것이다. (…) 이와 같은 빛나는 공
백을 루셀은 말하자면 불안을 느낄 정도까지, 강박 관념을 느
낄 정도까지 체험했다. (…) 결핍되는 것은 '의미'가 아니라 기
호들이지만, 기호들은 이 결핍을 통해서만 의미를 나타낸다."
(p.207-209) 이미 메를로 퐁티는 기호들을 분리시키는 이러한
비어 있음 속에 문학적 표현의 가능성들을 위치시켰다.[15] 그러
나 그는 이 비어 있음을 의미가 총체적으로 고갈될 위험으로서
가 아니라 의미의 생명 자체로 생각했다.

자신의 주름으로 숨막히고, 자신이 가시화될 수 있는 조건들
을 자기 자신으로부터만 전달하고, 자신의 가능성에 의해 흡수
되며, 자신의 불가능성으로부터 착상을 얻고, 주체를 흩어지게
만드는 어떤 외재성에 운명지어지고, 사물들을 비워내는 어떤
거리(distance)를 따라서 시간을 부서뜨리는 언어의 이와 같은
구조는 광인의 착란 속에서 재발견된다. 이것이 의미하는 바는
작가들이 광인이라거나 광인들이 작가라는 것이 아니라 문학

---

15) "언어와 관련해서 말하자면, 기호들 각자를 의미 작용적으로 만드는
것이 기호와 기호의 일방적 관계라면, 의미는 낱말들의 상호 작용으로, 그
리고 그것들의 간극 같은 것 속에서만 나타난다."(〈Le Langage indirect et
les voix du silence〉, *Signes*, Gallimard, 1960, p.53)

적 글쓰기가 광기와 동일한 언어(어떤 예비된 언어가 아니라 **언어의 언어**)를 말한다는 것이다.

푸코가 보기에 광기와 문학은 맥빠진 등식(권위적인 정신병리학들이나 손쉬운 미학들의 압제적인 운동들을 뒷받침하는 등식)의 수평성 속에서 동등한 것이 아니다. 광기와 문학은 기원 없는 한 언어의 최상의 경험을 따라서 수직적으로 정돈된다.

광기와 유한성: 정신분석학의 교훈

지식들의 인류학적 배치

《말과 사물》은 《광기의 역사》의 커다란 서술적 구조들에 폭넓게 초연한 이론적 공간을 전개하는 것 같다. 여기서는 분할·배제도 문제되지 않고, 발광을 격리시키는 커다란 행동들도 문제되지 않는다. 그 반대로 하나의 **에피스테메**의 계통성에 의해 구조화된 지식들의 잔잔한 지배가 정체성들의 커다란 의식(儀式)들을 초대한다. 중요하게 재포착해야 하는 점은 사유가 스스로를 지탱할 수 있기 위해 **선험적으로** 배제하는 그 무엇이 더 이상 아니고, 사유가 다양한 사물들에 근원적 질서로 강제하는 그 무엇이다. 하나의 시대(르네상스, 고전주의 시대, 근대)는 부(富)들의 순환, 언어들의 구축, 생명체의 구조를 심층적으로 획일적인 틀들을 통해서 이해하게 된다. 서문에서 푸코는 두 개의 시도를 주저하지 않고 대립시킨다. "광기의 역사는 대(大)타자(l'Autre)――하나의 문화의 경우 내부에 있으면서 동시에 외부에 있는 것, 따라서(내적 위험성을 추방하기 위해) 배제해야 하지만 (그것의 이타성을 줄이기 위해) 감금하면서 배제해야 하는 것――의 역사일 수 있다. 반면에 사물들의 질서의 역사는 대문자 동일한 것(le Même)――하나의 문화의 경우 구분되면서 동시에 유사하게 되어진 것, 따라서 표시들을 통해서 구분해야 하며 동일성들 속에서 받아들여야 하는 것――의 역사일 수 있다."(p.15) 아마 매우 일반적이라 할 이와 같은 차원에서 두 저서는 매우 철저한 모순으로 어쩔 도리 없이 대립하기 때문에 사람들은 그것들이 동일한 동전의 양면에 불과하다고 짐작하기 시작한다(서문의 수사학 자체가 이러한 짐작을 유도하고 있다). 규칙적인 동일성들(말과 사물의 부동의 질서)의 새로운 추구와 대타자의 반복된 대대적 거부들의 보다 오래된 추구 사이의 이와 같은 거울의 유희는 아마 《말과 사물》에서 광기의 주제가 결정적인 최고의 삶을 누리고 있다는 사실을 인정하지 않을 수 없게 만들었다 할 것이다. 예를 하나 들어 보자. 푸코가 르네상스의 사물들의 질서와 고전주의 시대의 사물들의 질서를 분리시키는 단절을 측정하는 것은 돈 키호테의 광기를 통해서이다. 그러나 특히 저서의 마지막 부분에서 이와 같은 관계가 강화된다. 이 부분에서 우리가 알 수 있는 것은 광기의 대타자가 대문자 동일한 것의 근대적 사유의 좌표들을 정확하게 나타내고 있다는 점이다. 마치 구성된 지식들의 교훈들보다 광기(흐린 거울)의 교훈들이 특별하게 그리고 매우 훌륭하게 직접적으로, 그것이 지닌 얼굴의 반사된 윤곽들을 사유로 귀결시키고 있는 것 같다. 게다가 《광기의 역사》의 마지막 장(章) 제목인 "인류학적 순환고리"는 《말과 사물》이 지식들의 인류학적 배치로서 기술하는 것 속에서 분명한 반향을 만나고 있다.

푸코에게 전반적으로 지식들의 인류학적 배치는 초월적인 것을 향한 경험적인 것의 무한정한 미끄러짐의 공간을 지시한다. 분명 인류학은 "인식의 (따라서 경험적 모든 지식의) 합당한 한계들이 동시에 존재의 구체적 형태들, 다시 말해 바로 이와 같은 경험적 지식에서 제시되는 것 같은 형태들이 되는 그 사유 방식"(p.261)이다. 인류학적 지형은 우선적으로 생명·부(富)·언어의 과학들(인간은 살아 있고, 일하며 말하는 존재로 분석된다)로부터 자양을 얻는다. 생물·경제·언어과학들은 유한한 인간의 모습을 일치하여 빛나게 한다. "인간의 유한성은 지식의 실증성 속에서——절대적인 방식으로——예고된다. 우리는 뇌의 해부학적 구조, 생산 비용의 메커니즘, 혹은 유럽 언어의 동사 변화 체계를 알고 있듯이 인간이 유한하다는 것을 알고 있다."(p.324) 지식들의 충만한 실증성들은 그것들의 결과로서 인간의 부정적 유한성을 드러낸다. 그러나 이윽고 사람들은 인간에 대한 지식들의 실증성 자체가 구성적(constituante) 유한성에 입각해서만 가능하다고 말하게 된다. 왜냐하면 (경험적 지식의 제한된 내용으로서) 실증성은 끝나 버린 유한한 경험으로부터만 사유할 수 있도록 제시되기 때문이다. "이것(유한성)은 실증성의 가장 정화된 본질이 아니라 실증성이 나타날 수 있게 하는 바로 그것이다." 그러나 구성된 실증성으로서의 한정된 것으로부터 구성적 토대로서의 한계 설정으로의 이러한 이동은

“반복”(p.326)의 의미 안에서 이해되어야 한다. 실증성은 근본적인 것 속에서 가능성의 궁극적 조건을 발견하기보다는 그 속에서 스스로를 반복한다. 푸코에 따르면, 칸트까지 사유는 무한의 토대 위에서만 유한했다. 인류학적 혁명은 유한성의 시련이 “대문자 동일한 것”의 반복으로, 다시 말해 여기서는 경험적 실증성으로 저기서는 근본적 구조로 이루어진다는 사실에 있다는 것이다(언제나 유한성이 문제이다). 이것이 유한성들의 반복이 지닌 형상인데, 이 속에서 실증주의적 환원주의들과 현상학적 주장들은 전적으로 상호 반향한다. “우리의 문화는 유한성이 그것 자체에 대한 끊없는 준거 속에서 사유되었던 날, 우리가 우리의 근대성을 인정하는 출발점인 그 문턱을 넘어섰다. (…) 근대의 문화가 인간을 생각할 수 있는 것은 그것이 유한을 그 자체로부터 생각하기 때문이다.”(p.329) 푸코가 볼 때 유한의 주름은 모든 근대적 사유가 전개되는 볼륨을 규정한다(그리고 철저하게 그가 여기서 ‘인간’이라 부르는 것으로 귀결된다). 그러나 근대의 철학들이 곧바로 정화되는 체험된 경험들, 초월적 구성물들을 향해 옮겨진 그런 경험들(이 구성물들 자체가 이윽고 새로운 미학적·윤리적 등의 경험들의 소환을 통해 수정된다)에 입각해 이와 같은 유한성을 재포착하면서 그것에 가장 가까이 있고자 시도할 때, 인문과학들은 인간의 유한성을 객관적 기능 작용들(사회학의 경우 경제의 순수한 법칙들, 심리학의 경우 생명체의 메커니즘들, 신화들 및 문학들을 분석할 경우 언어들의 진화에 나타나는 음성적 법칙들)의 단순한 복잡화로 간주하면서 이러한 무한정한 흔들림들을 부동화시킨다. 대문자 동일한 것의 철학들이 지닌 구조화는 동시에 광기에 관한 우리의 모든 근대적 사유를 포함한다. 철학의 인류학적 운명을 생각해 보자. "근본적인 것 속에서 실증적인 것의 반복을 통해 열려진 그 가늘면서도 거대한 공간 안에서 (…) 유한성에 대한 이러한 모든 분석틀——이것은 근대적 사유의 운명과 연결되어 있다——이 전개된다."(p.326) 인류학적 반복이 지닌 각각의 형상은 인류학적 지식에 의해 윤곽이 잡힌 현기증들, 다시 말해 광기의 그 현기증들을 인정하는 차원을 지시한다.

광기의 근대적 존재 방식의 지시

대문자 동일한 것의 최초 반복은 그것의 탄생(칸트의 순간) 조건들과 가장 가까이 있음으로써 혼동으로서의 그것의 운명이 확립된다. 대문자 동일한 것은 지식의 조건이자 조건지어진 것으로서 반복된다. 왜냐하면 인식하는 존재가 인간뿐이라면(고전주의 시대와 달리 더 이상 담론이 아니라), 우리는 인간을 알게 됨으로써 "모든 지식을 가능하게 만드는 것을 그의 내부에서 인식하게 될 것이기 때문이다."(p.329) 우리는 "인간의 지식이 지닌 **성격**"을 탐구할 수 있고(콩트)(p.330, 그리고 확인할 수 있는 생리학적 결정론들의 초월적 조건들과 같은 것들을 확립할 수 있다), 아니면 (정확한 지식이 도래하도록 사회적 변화들을 요구하는) "인간 지식의 **역사**"를 탐구할 수 있다(마르크스). 끝으로 분석의 마지막 길(현상학)은 "특수하지만 모호한 층위,"

다시 말해 지식의 내용들이 꾸밈없는 본래의 방식으로 여전히 그것들의 형태들에 속한다고 생각되는 층위로서의 그 체험에 호소하면서 자연과 역사에서 이것들의 경험적 차원을 내려놓으려고 시도한다. 따라서 이 체험의 분석은 경험들을 끊임없이 소환하고 재소환하여 초월적인 것의 끝없는 비판을 그것들에 내보낸다. 이 비판을 되풀이하는 힘을 구성적 미완성 속에서 퍼올리면서 말이다.

경험적인 것과 초월적인 것 사이에 파여진 이러한 얇은 그물은 생각하는 주체의 존재 문제를 새로운 비용으로 다시 제기한다. 고전주의 시대의 경우 존재와 사유는 표상의 투명함 속에서 직접적으로 소통하였다. 표상은 스스스를 설치하면서 표상된 것의 존재, 그리고 진리로서 그것이 차지하는 위치의 존재를 강제했다. 이는 무한한 되돌려보내기(renvois)의 미묘한 유희이다. (사유가 경험적 내용 속에서 자신의 가능 조건들을 탐구할 때) 둘로 분할된 인간이 표상의 매끈하고 절대적인 지배를 대체하는 순간부터, 반복에 의해 벌어진 틈은 존재와 사유의 관계를 흐리게 하러 온다. 사유의 운명은 보편적인 논리적 실체로서 자신을 발견하는 것이 더 이상 아니고, 실증성들, 다시 말해 그 속에서 자신을 알아볼 수 있는 그런 말없는 실증성들을 탐구하는 것이다. "그것(근대의 코기토)은 사유하지 않은 것의 활기 없는 잎맥에까지 사유의 존재로 하여금 가지를 뻗어나가게 하지 않고는 사물들의 모든 존재를 사유로 귀착시킬 수 없다."(p.335) 명쾌한 사유는 그것이 차례로 허약하게 밝히려고 시도하는 어떤 사유되지 않은 것에 의해 지탱됨으로써만 전진한다. 사유되지 않은 것의 각각의 형상(무의식·물자체, 명확하게 밝혀지지 않은 것)은 반성적 사유("인간의 실증적 지식에 제공된 보상." p.337)의 위엄이 받아들여지지 않을 때 인간 안에 있는 객관적인 것을 지시한다기보다는 어떤 피할 수 없는 동반자를 지시한다. 사유되지 않은 것은 그때까지 몰랐던 어떤 인간적 차원, 다시 말해 그것의 결정적 진실이 엮어진다고 생각되는 차원을 지시하는 것이 아니라, 지식의 주름 속에서 포착된 근대적 인간의 안감 같은 것을 지시한다.

초월적인 것 속에 경험적인 것의 가역적 반복이 있고, 사유되지 않은 것 속에 사유의 가역적인 반복이 있다. 그러니까 기원의 약속된 회귀 속에 멀리 물러나 버린 기원의 반복이 있다. 사실 인간은 우선적으로 "자신의 기원과 분리되어" 있다. 그를 존재하게 만드는 차원들(육신으로서의 삶·노동·언어)은 개인의 출현을 벗어나는 고유한 역사성을 지니고 있다. 그것들의 기원은 태곳적 시간 속으로 사라진다. 이와 같은 머나먼 비인격적 시간 속에서 그것들은 그것들의 시원적 조건들, 그것들의 역사적 실증성의 원천을 만난다. 이러한 의미에서 인간이 "기원이 없는 존재"(p.342)라면, 그는 또한 "시원적인 것"(p.341-342)의 인간인데, 이번에는 이 시원적인 것이 사물들의 주름에 언제나 새로운 시간성이 직접적으로 연결된 결합으로 이해된다(태고의 시대에 고정된 결정론들을 지닌 삶, 조상들의 교환 메커니즘들, 인간 자신보다 더 오래된 언어). 인간은 자신 안에 기원이 비어 있음을 사물들의 유구함에 연결함으로써만 자신의 시간성을 확립한다. 그러나 언제나 다시 태어나는 이와 같

는 연결(시원적인 것)은 동시에 사물들의 마침내 확립된 시간성
이 뛰어드는 어떤 "통로(개시)"이다(사물들의 불투명하고 말없
는 실증성은 인간의 의식이 비어 있는 시간으로부터만 진실의 투
명함을 드러내며 도래하기 때문이다). 그러나 동시에 (사물들의
감추어진 기원으로부터 유배된) 어떤 의식에 의해 파여진 이러
한 비어 있음 속에서 인간이 **자신의** 기원을 재포착할 수 있는
가능성이 어렴풋이 보인다. 진실로 사유의 기적이 태고의 시대
부터 사유를 떠받치는 것을 곧 도래가 임박한 것으로 계획할
수 있는 능력이라면, 그 기원은 다시 도래할 수도 있을 것이
다. "근대의 사유는 시원적인 것의 영역을 복원하는 과제를 설
정하자마자 이 영역에서 곧바로 기원의 뒷걸음침을 발견한다.
그래서 역설적으로 그것은 이 뒷걸음침이 완성되고 더 이상 깊
어지지 않는 방향으로 전진하고자 한다. 그것은 뒷걸음침이 경
험의 저쪽으로부터 나타나도록 하기 위해 애쓴다. 경험을 자신
의 물러남 자체에 의해 떠받치는 그 무엇으로서, 경험의 가장
가시적인 가능성과 가장 가까이 있는 그 무엇으로서, 경험 안
에 있는 임박한 그 무엇으로서 말이다."(p.344-345)

조건지어진 것의 중심에 있는 지식의 조건, 사유의 잎맥으로
서 사유되지 않은 것, 무한정한 임박으로서 기원, 유한성의 분
석틀이 지닌 이 세 차원은 근대적 사유가 펼쳐지는 공간을 규
정한다. 이 공간에서 유한은 그것의 유한성 속에서, 다음과 같
은 세 차원에서 끊임없이 반복된다. 대상과의 관계로 파악된
지식, 사유가 아닌 것과의 관계로서 파악된 사유, 시간을 떠받
치는 것과 관계로 포착된 시간이 그것이다. 광기는 그 공간 속

에서 정신분석학의 메타심리학적 사색들을 통해 자신의 근대적 정체성의 벡터들을 끌어올린다. 사실 프로이트가 무의식의 핵심적 개념들로 창안하는 것은 연속적으로 보면, 설명의 무한정한 저장고로서 대문자 죽음이고, 우리의 사유들의 궁극적 알맹이로서 대문자 욕망이며, 우리의 정체성들을 시원적 방식으로 구조화시키는 대문자 언어-법칙이다.(p.386) 이 세 범주는 유한성의 세 형태를 즉각적으로 내쫓는다. 대문자 죽음은 임상적으로 식별할 수 있는 경험적 속성들(반복 강박, 공격성) 속에서 곧바로 분간되었던 그 초월적인 것이다. 대문자 욕망은 모든 사유가 이해되기 위해서 도달하고자 하는 그 사유되지 않는 것을 지시하며, 사유는 움직임 속에서 이 사유되지 않은 것과 합류하는 것을 막는 금지에 의해 지탱된다(저항과 전이의 구조화하는 모호한 것들). 마지막으로 대문자 언어-법칙은 치유의 불가능한 운명으로서 재발견해야 할 절대적인 그 시작("모든 의미 작용이 그 자체보다 더 먼 **기원**을 취하는 지점인 그 무엇일 뿐 아니라 회귀가 분석의 행위 자체 속에서 약속되는 그 무엇." p.386)이다. 우리의 근대적 사유로 볼 때 대문자 죽음이 모든 행실을 규제하고, 대문자 욕망이 전적으로 지배하며, 대문자 언어가 모든 결정을 정지시키는 그 지점에서 광기는 도래한다. "그 형상에서 (…) 우리의 의식은 16세기와는 달리 어떤 다른 세계의 흔적을 더 이상 발견하지 못한다. 그것은 빗나간 이성의 방황을 더 이상 확인하지 못한다. 그것은 우리 안에서 위험스럽게 가장 가까이 있는 것이 나타나는 것을 본다――이는 마치 갑자기 우리 존재의 우묵한 곳 자체가 부각되어 윤곽이 드러나는 것 같다."(p.387) 푸코는 여기서 《광기의 역사》의 교훈들(우주론적 메시지로서, 비이성으로서, 그리고 인간의 전복된 진실로서 광기)을 막연한 방식으로 다시 취한다. 물론 결정적인 수정이 있긴 하지만 말이다. 이번에 프로이트의 작품은 근대의 심리학들을 넘어서 고전주의 시대의 경험을 충실하게 수용하는 것(정신착란의 차원에서 이해된 광기)으로 더 이상 이해되지 않고, 근대적 사유의 가능성들 속에 엄격하게 새겨진 것으로 이해된다. 사실 우리가 보았던 바와 같이, 프로이트의 메타심리학은 그것이 그것의 과학적 신화(죽음의 충동, 리비도, 무의식의 수사학)를 고정시키는 순간에 "유한성의 형태들 자체"(p.386)를 묘사하게 된다. 이러한 의미에서 아마 그것은 인간의 유한성을 구체적·현실적 인간 존재에 의해 안쪽으로 휘어진 기능 작용들(생물학적·경제학적·언어학적)의 분쇄 지점으로서만 취급하고자 하는 인문과학들보다는 대문자 동일한 것의 철학들(하이데거에서 메를로 퐁티까지)과 가깝다 할 것이다.

푸코가 볼 때 사실 인문과학들은 병치를 통해서 하나의 "볼륨"("인식론적 삼면체." p.358)과 같은 것을 형성하는 세 차원(수리 및 물리과학들, 생명·언어·경제과학들 그리고 유한성에 대한 사상들)에 따른 지식들의 근대적 구조화로부터 파생한다. 이 형상의 중심에 파여진 빈 곳이 인문과학들의 실증성들을 받아들인다. 여기서 우리는 또한 인문과학들의 실증성들이 그것들의 언술 행위가 드러내는 유일한 운동으로부터는 그것들의 토대를 확립할 수 없다는 무능력에 대한 주장과 다시 만난다. 그러나 푸코가 보기에 여기서 그것들에 이의를 제기하는 것은

60년대 초반과는 달리 더 이상 부정적 경험(광기·죽음·글쓰기)이 아니라, 그것들이 무한정하게 걸려 있는 것 같은 상황에 다시 처하는 어떤 우묵한 곳(지식들의 한 체계가 지닌 실증적 능선들에 의해 그려진 것)이다. 그러나 실증적 인간은 생물학·경제학·문헌학과 같은 과학들에게는 단단한 차원을 구성하지만, 이는 바로 이 과학들이 대상으로 하는 것이 존재 양태로 본 인간이 아니라, 그의 인간성과는 무관한 직접적으로 객관화할 수 있는 "기능 작용들"이라는 점을 전제로 한 것이다.(p.363–364) 푸코에게 인간과학들(심리학을 생물학의 한 부분과는 다른 것, 사회학을 경제학의 한 부분과는 다른 것, 신화 분석을 문헌학의 한 부문과는 다른 것으로 만드는 그 무엇)은 기능 작용들을 그 자체로 그리고 그 자체를 위해 연구하지 않으며, 이 기능 작용들 속에 도입된 '부정성'을 연구한다. 다시 말해 실질적으로 이 기능 작용들(생명 법칙들, 교환 법칙들, 언어적 결정론들)로 하여금 실증적이고 필연적인 메커니즘들로서 직접적으로 더 이상 유효하지 않게 만드는 그 무엇 말이다. 그러나 이러한 부정성은 어떤 환원 불가능한 초월(인간으로 하여금 사람들이 그를 귀결시키고자 하는 실증적 필연성들로부터 영원히 벗어나게 만든다고 생각되는 초월)의 표시로 해석되어서는 안 된다. 다만 그것은 지식의 장에서 인문과학들의 특수한 위치를 나타낸다. 생명·언어·부의 과학들이 자연적 객관성의 분야로 결정하는 것을 인문과학들은 도려내고 파내면서 받아들인다. 그것들은 그것을 한계만이 문제가 되는 유한성에 대한 그 분석틀 쪽으로 은밀하게 내쫓는다는 점에서 말이다. 푸코에게 그것들의 모든 시도는 이러한 "중복"(p.365)의 공간 속에 위치한다. 인문과학들에서 인간은 (신경 운동의 도식들, 교환 체계들, 의미적 미끄러짐의 법칙들이 지닌) 어떤 객관성의 반복에 의해 열려진 공간 안에서 제시된다. 여기에는 이 반복이 유한한 존재에 의해 담당되고, 이미 그것이 자연적 결정론으로 더 이상 존재하지 않는다는 조건이 붙는다. 그러나 이와 같은 부정성은 진리의 표면으로서의 '표상'의 시대착오적인 재전개에 의해 은폐된다. 실제로 인문과학들은 경제학·언어학·생물학의 실증적 메커니즘들이 인간의 '표상' 속에 수용되는 한에서만 이 메커니즘들을 분석한다. "따라서 인문과학들은 생물학·경제학·문헌학이 분리해내는 메커니즘들과 기능 작용들을 사물들로 받아들이는 (…) 인간 존재 자체 속에서 후자의 학문들에 가능성을 부여하는 그 무엇과 그것들(후자의 학문들)을 (결합하면서도) 분리시키는 그 거리를 점유한다. (…) 그러면서 인문과학들은 이 메커니즘들과 기능 작용들을 그것들이 존재하는 모습으로서 탐구하는 것이 아니라, 표상의 공간이 열릴 때 그것들이 존재하기를 멈춘 모습으로서 탐구한다."(p.365) 이와 같은 '표상'의 연구는 유한성의 정확한 고찰이 한계 설정과 부정성으로 도입하는 것을 파묻어 버리게 해주는, 객관성의 한 차원을 인간과학들에게 제공한다. 이것은 푸코에게 인문과학들이 의식의 학설을 추방한다는 것을 의미하는 것이 아니다. 인문과학들이 다루는 표상(예컨대 신생 사회학의 경우에서 '집단적 표상')은 투명한 의식의 대상을 지시하지 않는다. 이 학문들에게 표상은 그보다 인간의 유한성의 형태들(대문자 동일한 것의 철학들에 의해 그 자체를 위해 분석된 것들) 위에 메커니즘들(생물학·경제학·문헌학에 의해 그 자체로 연구된 것들)을 투시하는 차원을 의미한다. 그러나 푸코가 볼 때 "사물을 그것의 진리에 연결시키는 매듭으로서, 표상의 형태는 고전주의 시대의 **에피스테메**로 거슬러 올라간다. 따라서 인문과학들은 객관적 과학들(생물학·경제학·문헌학)에서 빌린 개념들을 유한성의 형상들에 따라 왜곡하는 작업을 하고 있다. 이 형상들은 근본적인 것의 철학들이 더 이상 통용되지 않은 진리의 한 형태, 분명하게 부적당한 형태의 조건 속에서 전개하는 것들이다.

반대로 정신분석학은 표상들보다는 '무의식'을 직접적으로 탐구하고 있다. 그것에게 중요한 것은 명료하지 않은 표상들을 지식의 진보라는 범주에서 드러내고자 하는 것이 아니라, 하나의 현실 층위를 정면으로 탐색하고자 한다. 이 현실 층위는 "여기 있으면서 달아나고, 폐쇄된 하나의 사물이나 텍스트의 말없는 견고함, 혹은 가시적인 텍스트 속에 있는 흰 여백의 견고함을 드러내면서 존재한다."(p.385) 프로이트의 작품이 주는 교훈을 지닌 인간 현실은 표상의 범주에서는 그 주름이 펴지지 않는다. "무의식 쪽으로 가던 길을 되돌아오면서 표상 가능한 것의 공간 속에 언제나 머무는 인문과학들과는 달리, 정신분석학은 표상을 성큼 건너뛰고 그것을 유한성 쪽에서 넘어서기 위해 전진한다."(p.386) 표상을 넘어서는 정신분석학의 작업은 우리가 보았듯이, 대문자 동일한 것의 철학자들의 근본적 구조들 쪽으로 신호를 보내는 개념적 신화들(죽음 충동, 리비도, 무의식의 수사학)이 구상됨으로써 실현된다. 인간과학들이 유한성을 객관적 표상의 요소 속에 묻어 버릴 때, 정신분석학은 현상학들과 마찬가지로 그것과 직접적으로 대결한다. 그것들은 그것을 엄격하게 시험한다. 한편으로 이 시험은 사유(이것은 하나의 탐구가 미완성된 상태에서 엮어지고 풀어지는 사유이다. 왜냐하면 현상학은 끊임없이 일시적으로 베일이 벗겨지는 초월적 형태들을 수정하기 위해 새로운 경험 내용들을 한없이 보여줄 것이기 때문이다)의 시험이다. 다른 한편으로 이 시험은 정신병에서 "자신의 더없이 물리칠 수 없는 골칫거리"(p.387)를 만나는 정신분석학으로 보면 특이한 만남의 시험이다. 왜냐하면 정신분열증의 '잔인한 계시'는 분석적 행위가 매우 느리게 다가오도록 하게 되어 있었던 유한성의 그 형태들을 내밀한 재앙의 모습으로 드러내기 때문이다. 그러나 근본적인 것에 대한 끈기 있는 명상과 반대로, 또 인문과학들과는 반대로 정신분석학은 하나의 실천을 통해 "모든 지식 일반을 가능하게 만드는 것"(인류학적 유한성)과 관계를 맺고 있다. 이 실천에서 "끌어들여지는 것은 인간의 지식뿐 아니라 인간 자체――그 자신의 고통 속에서 작용하고 있는 그 대문자 죽음, 그 자신의 대상을 잃어버린 그 대문자 욕망, 그 자신의 대문자 법칙이 침묵 속에서 분절하게 만드는 그 언어가 함께하는 인간――이다."

결국 본질적으로 지식들의 먼 구조들이 문제가 되고 구체적인 존재들은 거의 문제가 되지 않았던 이 탁월한 추상적 책에서 광인의 형상이 모습을 드러낸다. 이 형상은 "경험적이지만 우리가 실험할 수 있는 모든 것에(그리고 모든 것 속에서) 낯설다"고 푸코는 명확히 밝힌다. 광인의 위상은 《말과 사물》의 행복한 실증주의를 다소 흔들리게 만든다. 왜냐하면 마치 고문서의 추상적 두께(에피스테메) 속에서 자른 수직적 절단면에 불과했던 것이 형체를 띠고, 광인의 "현실적이면서 동시에 불가능한 존재" 속에서 갑자기 구체화되는 것 같기 때문이다("우리가 존재하고, 우리가 사유하며, 우리가 알게 만드는 출발점인 그 유한성이 갑자기 우리 앞에 있다"). 그리하여 광인은 우리의 기존 지식들이 지닌 맹목적 지점의 구체적 현현과 같다.

결 론

푸코는 광기에 대한 대목들, 다시 말해 1954년의 〈서문〉에서부터 《말과 사물》(1966)에 나타나는 조명적인 압축적 표현들에까지 이르는 모든 대목들에서 의미의 주관적 부여들을 다루는 현상학과 은밀한 논쟁을 끊임없이 벌이고 있다. 푸코는 마르크시즘 혹은 고전적 정신의학(이 둘은 광기를 질병——실증적인 의학적 본질, 혹은 객관적인 사회적 병리 현상——으로 이해한다)을 뛰어넘기 위해 정신병을 광기에서 추출한 의미의 역사적 구성으로 지시하지 않을 수 없었다. 그리하여 그는 《광기의 역사》에서 광기에 대한 "의식들(consciences)"을 기술하고, 그것의 시기들 모두를 광기의 의미들을 지닌 총체적 경험들로 구조화시킨다. 《말과 사물》에서도 또한 그는 구성적 유한성에 대한 사유들의 직관들을 지닌 정신분석학에 의해 기술된 근대적 광기의 의미들을 설명한다.

그러나 그는 동시에 광기에 대한 모든 현상학을 비웃고 조롱하면서 끊임없이 그것을 고발한다. 광기가 주체적인 구조의 단순한 상실, 의미의 결정적 무너짐과 같은 것이라면, 누가 광기에 대한 가르침을 지향적 구조들을 통해 제시할 수 있을 것인가? 이는 마치 푸코가 광기를 **대상**으로서 사유해야 하자마자 (마치 대상을 재포착하고, 그것의 윤곽을 그리는 것보다는 그것에 대해 경계해야 하는 것처럼 의미의 증여들을 모두 보호 구조들로 과감하게 이해하면서 말이다) 현상학에서 그것의 개념들을 빌리고 나서, 항상 광기에 대한 문제적 **주체**를 내세워 이 개념들의 부인에 서명하는 것과 같다. 주체의 객관적 순간만을 유념하는 현상학의 이상한 사용이 아닐 수 없다.

동시에 푸코가 볼 때 새로운 언어로 분명하게 말해야 했던 것은 그가 광기와 글쓰기에서 동시에 발견하고자 했던 것, 즉 주체 없는 경험들이다.

그가 니체로부터 받았던 것, 즉 역사적인 일시적 성격 이외에는 받아들일 수 있는 통일적 중심이 없는, 의미들의 흩어짐이라는 주제를 분명히 표명해야 했다.

역자 후기

주지하다시피, 푸코의 《광기의 역사》에서 광기의 문제는 저 유명한 푸코-데리다 논쟁을 야기함으로써 또 다른 측면에서 지성계에 비상한 관심을 불러일으킨 바 있다. 논쟁의 핵심은 주체철학·이성철학의 시조 데카르트가 사유에서 광기를 배제했느냐 배제하지 않았느냐이다. 푸코는 데카르트가 광기를 비이성(déraison)의 한 형태로 보고, 그것을 배제했다고 보았다. 반면에 데리다는 사유의 순간에 악마의 개입을 막을 수 없기 때문에 주체로부터 광기가 배제되지 않았으며, 그것 역시 '사유의 한 사례'일 뿐이라고 본 것이다. 후자의 입장에서 보면 데카르트의 코기토는 "내가 미쳐 있든 아니든 나는 생각한다. 그러므로 나는 존재한다"로 말할 수 있다는 것이다. 논쟁은 평행선을 그으며 끝나고 말았지만, 선후배 관계 혹은 사제지간[1]을 떠나서 두 철학자가 펼쳐낸 치열한 공방은 학문하는 자세의 정수를 보여주는 것 같아 진정한 학문적 풍토에 대한 반성을 하게 만든다.

푸코의 작품에서 광기가 차지하는 비중은 새삼 언급할 필요도 없다. 그에게 광기는 특히 고전주의 시대 이후의 서양의 역사를 재구성하고 다시 쓰게 해주는 주요 기제이다. 그가 자신의 최초의

---

1) 푸코와 데리다와의 나이 차이는 4세밖에 안 되지만, 데리다가 고등사범학교를 22세에 입학함으써 후자가 전자의 강의를 듣게 되었던 것이다. 따라서 둘은 사제지간이라 할 수 있다. [역주]

핵심적 저서에서 광기를 사유의 중심에 놓았기 때문에 이 주제가 그의 철학 전체에서 겪게 되는 변화의 도정을 고찰하는 일은 그의 사상을 이해하는 데 중요한 과제가 아닐 수 없다 할 것이다. 저자 프레데릭 그로는 푸코 전문가로서 이 과제를 훌륭하게 수행하여 독자에게 내놓고 있다. 역자가 여기서 이 책의 내용을 소개하는 일은 무의미하다고 생각된다. 왜냐하면 책의 목차만 보아도 내용의 대략적인 윤곽을 잡을 수 있고, 나아가 '일러두기'를 읽어보면 좀더 자세한 소개가 나와 있기 때문이다.

역자가 다만 한 가지 짚고 넘어가고 싶은 것은 《광기의 역사》에서 푸코가 지적했듯이 "이성과 비이성의 관계는 서구 문화에 있어서 독창성의 한 차원을 형성하면서" 이분법적 대립 구도를 나타내고 있다는 점이다. 이러한 양극적 구도는 기독교의 선과 악, 무구와 추락, 천국과 지옥, 나아가 고대의 로고스와 미토스, 이데아와 그림자(형상과 사물) 등 서양 철학의 이분법적 사유를 계승하고 있다. 그것은 세계의 상대적 이원성 가운데 한쪽을 극단적으로 가치화시켜 첨예한 긴장과 갈등을 야기하면서 의미 생성을 강력하게 낳게 한다. 그것은 바르트의 표현을 빌리자면, 갈등과 의미를 창출하는 "잠재적 두 항의 대립"으로서의 패러다임, 그것도 최고의 패러다임을 구성한다. 이러한 패러다임을 통해서 서양 문화는 생성의 존재계 내에서 변증법적 역동성을 획득하면서 의미의 고도한 드라마를 창조해 냈다. 예컨대 그리스도의 강림과 수난을 중심으로 한 알파에서 오메가까지 일직선적 의미, 혹은 헤겔이나 마르크스의 철학에서 역사의 종말까지 드라마를 생각해 보라. 20세기에 와서야 비로소 서양은 대립적인 강력한 패러다임을 통한 의미 생성의 속박으로부터 다소 벗어나기 시작했다 할 수 있다.

동양의 불교와 노장 사상에서 그러한 패러다임은 존재하지 않는다. 그것들은 패러다임을 넘어서는 초월적 구원 혹은 환상적 유희

의 지평을 열어 놓고 있다. 평정의 휴식과 갈등의 해소로부터 역동
적인 긴장의 드라마로 이동하는 지점에서 동과 서가 결합하고 있
다. 이 점을 염두에 둔다면, 푸코가 이야기하는 이성과 비이성, 이
성과 광기의 서양은 다른 빛깔로 다가오지 않을까 생각된다.

김 웅 권

색 인

김웅권
한국외국어대학교 불어과 졸업
프랑스 몽펠리에3대학 불문학 박사
현재 한국외국어대학교 연구교수
학위 논문:《앙드레 말로의 소설 세계에 있어서 의미의 탐구와 구조화》
저서:《앙드레 말로─소설 세계와 문화의 창조적 정복》
《말로와 소설의 상징시학》
논문:〈앙드레 말로의《왕도》에 나타난 신비주의적 에로티시즘〉
(프랑스의《현대문학지》앙드레 말로 시리즈 10호),
〈앙드레 말로의《인간 조건》에서 광인 의식〉
(미국《앙드레 말로 학술지》27권) 외 다수
역서:《천재와 광기》《니체 읽기》《상상력의 세계사》《순진함의 유혹》
《쾌락의 횡포》《영원한 황홀》《파스칼적 명상》《운디네와 지식의 불》
《진정한 모럴은 모럴을 비웃는다》《기식자》《구조주의 역사 Ⅱ · Ⅲ · Ⅳ》
《미학이란 무엇인가》《상상의 박물관》《그라마톨로지에 대하여》
《어떻게 더불어 살 것인가》《과학에서 생각하는 주제 100가지》등

푸코와 광기

초판발행 : 2005년 3월 25일

東文選

제10-64호, 78. 12. 16 등록
110-300 서울 종로구 관훈동 74
전화 : 737-2795

편집설계 : 李妊炅 李惠允

ISBN 89-8038-526-9 94160
ISBN 89-8038-050-X(세트 : 현대신서)

84	조와(弔蛙)	金教臣 / 노치준·민혜숙	8,000원
85	역사적 관점에서 본 시네마	J. -L. 뢰트라 / 곽노경	8,000원
86	욕망에 대하여	M. 슈벨 / 서민원	8,000원
87	산다는 것의 의미·1─여분의 행복	P. 쌍소 / 김주경	7,000원
88	철학 연습	M. 아롱델-로오 / 최은영	8,000원
89	삶의 기쁨들	D. 노게 / 이은민	6,000원
90	이탈리아영화사	L. 스키파노 / 이주현	8,000원
91	한국문화론	趙興胤	10,000원
92	현대연극미학	M. -A. 샤르보니에 / 홍지화	8,000원
93	느리게 산다는 것의 의미·2	P. 쌍소 / 김주경	7,000원
94	진정한 모럴은 모럴을 비웃는다	A. 에슈고엔 / 김웅권	8,000원
95	한국종교문화론	趙興胤	10,000원
96	근원적 열정	L. 이리가라이 / 박정오	9,000원
97	라캉, 주체 개념의 형성	B. 오질비 / 김 석	9,000원
98	미국식 사회 모델	J. 바이스 / 김종명	7,000원
99	소쉬르와 언어과학	P. 가데 / 김용숙·임정혜	10,000원
100	철학적 기본 개념	R. 페르버 / 조국현	8,000원
101	맞불	P. 부르디외 / 현택수	10,000원
102	글렌 굴드, 피아노 솔로	M. 슈나이더 / 이창실	7,000원
103	문학비평에서의 실험	C. S. 루이스 / 허 종	8,000원
104	코뿔소 〔희곡〕	E. 이오네스코 / 박형섭	8,000원
105	지각─감각에 관하여	R. 바르바라 / 공정아	7,000원
106	철학이란 무엇인가	E. 크레이그 / 최생열	8,000원
107	경제, 거대한 사탄인가?	P. -N. 지로 / 김교신	7,000원
108	딸에게 들려 주는 작은 철학	R. 시몬 셰퍼 / 안상원	7,000원
109	도덕에 관한 에세이	C. 로슈·J. -J. 바레르 / 고수현	6,000원
110	프랑스 고전비극	B. 클레망 / 송민숙	8,000원
111	고전수사학	G. 위딩 / 박성철	10,000원
112	유토피아	T. 파코 / 조성애	7,000원
113	쥐비알	A. 자르댕 / 김남주	7,000원
114	증오의 모호한 대상	J. 아순 / 김승철	8,000원
115	개인─주체철학에 대한 고찰	A. 르노 / 장정아	7,000원
116	이슬람이란 무엇인가	M. 루스벤 / 최생열	8,000원
117	테러리즘의 정신	J. 보드리야르 / 배영달	8,000원
118	역사란 무엇인가	존 H. 아널드 / 최생열	8,000원
119	느리게 산다는 것의 의미·3	P. 쌍소 / 김주경	7,000원
120	문학과 정치 사상	P. 페티티에 / 이종민	8,000원
121	가장 아름다운 하나님 이야기	A. 보테르 外 / 주태환	8,000원
122	시민 교육	P. 카니베즈 / 박주원	9,000원
123	스페인영화사	J.- C. 스갱 / 정동섭	8,000원
124	인터넷상에서─행동하는 지성	H. L. 드레퓌스 / 정혜욱	9,000원
125	내 몸의 신비─세상에서 가장 큰 기적	A. 지오르당 / 이규식	7,000원

23 朝鮮의 占卜과 豫言	村山智順 / 金禧慶	28,000원
24 원시미술	L. 아담 / 金仁煥	16,000원
25 朝鮮民俗誌	秋葉隆 / 沈雨晟	12,000원
26 神話의 이미지	J. 캠벨 / 扈承喜	근간
27 原始佛敎	中村元 / 鄭泰爀	8,000원
28 朝鮮女俗考	李能和 / 金尙憶	24,000원
29 朝鮮解語花史(조선기생사)	李能和 / 李在崑	25,000원
30 조선창극사	鄭魯湜	17,000원
31 동양회화미학	崔炳植	18,000원
32 性과 결혼의 민족학	和田正平 / 沈雨晟	9,000원
33 農漁俗談辭典	宋在璇	12,000원
34 朝鮮의 鬼神	村山智順 / 金禧慶	12,000원
35 道敎와 中國文化	葛兆光 / 沈揆昊	15,000원
36 禪宗과 中國文化	葛兆光 / 鄭相泓·任炳權	8,000원
37 오페라의 역사	L. 오레이 / 류연희	절판
38 인도종교미술	A. 무케르지 / 崔炳植	14,000원
39 힌두교의 그림언어	안넬리제 外 / 全在星	9,000원
40 중국고대사회	許進雄 / 洪 熹	30,000원
41 중국문화개론	李宗桂 / 李宰碩	23,000원
42 龍鳳文化源流	王大有 / 林東錫	25,000원
43 甲骨學通論	王宇信 / 李宰碩	40,000원
44 朝鮮巫俗考	李能和 / 李在崑	20,000원
45 미술과 페미니즘	N. 부루드 外 / 扈承喜	9,000원
46 아프리카미술	P. 윌레뜨 / 崔炳植	절판
47 美의 歷程	李澤厚 / 尹壽榮	28,000원
48 曼茶羅의 神들	立川武藏 / 金龜山	19,000원
49 朝鮮歲時記	洪錫謨 外/李錫浩	30,000원
50 하 상	蘇曉康 外 / 洪 熹	절판
51 武藝圖譜通志 實技解題	正 祖 / 沈雨晟·金光錫	15,000원
52 古文字學첫걸음	李學勤 / 河永三	14,000원
53 體育美學	胡小明 / 閔永淑	18,000원
54 아시아 美術의 再發見	崔炳植	9,000원
55 曆과 占의 科學	永田久 / 沈雨晟	8,000원
56 中國小學史	胡奇光 / 李宰碩	20,000원
57 中國甲骨學史	吳浩坤 外 / 梁東淑	35,000원
58 꿈의 철학	劉文英 / 河永三	22,000원
59 女神들의 인도	立川武藏 / 金龜山	19,000원
60 性의 역사	J. L. 플랑드렝 / 편집부	18,000원
61 쉬르섹슈얼리티	W. 챠드윅 / 편집부	10,000원
62 여성속담사전	宋在璇	18,000원
63 박재서희곡선	朴栽緖	10,000원
64 東北民族源流	孫進己 / 林東錫	13,000원

65 朝鮮巫俗의 硏究(상·하)	赤松智城·秋葉隆 / 沈雨晟	28,000원
66 中國文學 속의 孤獨感	斯波六郎 / 尹壽榮	8,000원
67 한국사회주의 연극운동사	李康列	8,000원
68 스포츠인류학	K. 블랑챠드 外 / 박기동 外	12,000원
69 리조복식도감	리팔찬	20,000원
70 娼　婦	A. 꼬르벵 / 李宗旼	22,000원
71 조선민요연구	高晶玉	30,000원
72 楚文化史	張正明 / 南宗鎭	26,000원
73 시간, 욕망, 그리고 공포	A. 코르뱅 / 변기찬	18,000원
74 本國劍	金光錫	40,000원
75 노트와 반노트	E. 이오네스코 / 박형섭	20,000원
76 朝鮮美術史硏究	尹喜淳	7,000원
77 拳法要訣	金光錫	30,000원
78 艸衣選集	艸衣意恂 / 林鍾旭	20,000원
79 漢語音韻學講義	董少文 / 林東錫	10,000원
80 이오네스코 연극미학	C. 위베르 / 박형섭	9,000원
81 중국문자훈고학사전	全廣鎭 편역	23,000원
82 상말속담사전	宋在璇	10,000원
83 書法論叢	沈尹默 / 郭魯鳳	16,000원
84 침실의 문화사	P. 디비 / 편집부	9,000원
85 禮의 精神	柳　肅 / 洪　熹	20,000원
86 조선공예개관	沈雨晟 편역	30,000원
87 性愛의 社會史	J. 솔레 / 李宗旼	18,000원
88 러시아미술사	A. I 조토프 / 이건수	22,000원
89 中國書藝論文選	郭魯鳳 選譯	25,000원
90 朝鮮美術史	關野貞 / 沈雨晟	30,000원
91 美術版 탄트라	P. 로슨 / 편집부	8,000원
92 군달리니	A. 무케르지 / 편집부	9,000원
93 카마수트라	바쨔야나 / 鄭泰爀	18,000원
94 중국언어학총론	J. 노먼 / 全廣鎭	28,000원
95 運氣學說	任應秋 / 李宰碩	15,000원
96 동물속담사전	宋在璇	20,000원
97 자본주의의 아비투스	P. 부르디외 / 최종철	10,000원
98 宗敎學入門	F. 막스 뮐러 / 金龜山	10,000원
99 변　화	P. 바츨라빅크 外 / 박인철	10,000원
100 우리나라 민속놀이	沈雨晟	15,000원
101 歌訣(중국역대명언경구집)	李宰碩 편역	20,000원
102 아니마와 아니무스	A. 융 / 박해순	8,000원
103 나, 너, 우리	L. 이리가라이 / 박정오	12,000원
104 베케트연극론	M. 푸크레 / 박형섭	8,000원
105 포르노그래피	A. 드워킨 / 유혜련	12,000원
106 셸　링	M. 하이데거 / 최상욱	12,000원

107	프랑수아 비용	宋 勉	18,000원
108	중국서예 80제	郭魯鳳 편역	16,000원
109	性과 미디어	W. B. 키 / 박해순	12,000원
110	中國正史朝鮮列國傳(전2권)	金聲九 편역	120,000원
111	질병의 기원	T. 매큐언 / 서 일 · 박종연	12,000원
112	과학과 젠더	E. F. 켈러 / 민경숙 · 이현주	10,000원
113	물질문명 · 경제 · 자본주의	F. 브로델 / 이문숙 外	절판
114	이탈리아인 태고의 지혜	G. 비코 / 李源斗	8,000원
115	中國武俠史	陳 山 / 姜鳳求	18,000원
116	공포의 권력	J. 크리스테바 / 서민원	23,000원
117	주색잡기속담사전	宋在璇	15,000원
118	죽음 앞에 선 인간(상 · 하)	P. 아리에스 / 劉仙子	각권 8,000원
119	철학에 대하여	L. 알튀세르 / 서관모 · 백승욱	12,000원
120	다른 곳	J. 데리다 / 김다은 · 이혜지	10,000원
121	문학비평방법론	D. 베르제 外 / 민혜숙	12,000원
122	자기의 테크놀로지	M. 푸코 / 이희원	16,000원
123	새로운 학문	G. 비코 / 李源斗	22,000원
124	천재와 광기	P. 브르노 / 김웅권	13,000원
125	중국은사문화	馬 華 · 陳正宏 / 강경범 · 천현경	12,000원
126	푸코와 페미니즘	C. 라마자노글루 外 / 최 영 外	16,000원
127	역사주의	P. 해밀턴 / 임옥희	12,000원
128	中國書藝美學	宋 民 / 郭魯鳳	16,000원
129	죽음의 역사	P. 아리에스 / 이종민	18,000원
130	돈속담사전	宋在璇 편	15,000원
131	동양극장과 연극인들	김영무	15,000원
132	生育神과 性巫術	宋兆麟 / 洪 熹	20,000원
133	미학의 핵심	M. M. 이턴 / 유호전	20,000원
134	전사와 농민	J. 뒤비 / 최생열	18,000원
135	여성의 상태	N. 에니크 / 서민원	22,000원
136	중세의 지식인들	J. 르 고프 / 최애리	18,000원
137	구조주의의 역사(전4권)	F. 도스 / 김웅권 外	I · II · IV 15,000원 / III 18,000원
138	글쓰기의 문제해결전략	L. 플라워 / 원진숙 · 황정현	20,000원
139	음식속담사전	宋在璇 편	16,000원
140	고전수필개론	權 瑚	16,000원
141	예술의 규칙	P. 부르디외 / 하태환	23,000원
142	"사회를 보호해야 한다"	M. 푸코 / 박정자	20,000원
143	페미니즘사전	L. 터틀 / 호승희 · 유혜련	26,000원
144	여성심벌사전	B. G. 워커 / 정소영	근간
145	모데르니테 모데르니테	H. 메쇼닉 / 김다은	20,000원
146	눈물의 역사	A. 뱅상뷔포 / 이자경	18,000원
147	모더니티입문	H. 르페브르 / 이종민	24,000원
148	재생산	P. 부르디외 / 이상호	23,000원

233	인터넷 철학	G. 그레이엄 / 이영주	15,000원
234	사회학의 문제들	P. 부르디외 / 신미경	23,000원
235	의학적 추론	A. 시쿠렐 / 서민원	20,000원
236	튜링 — 인공지능 창시자	J. 라세구 / 임기대	16,000원
237	이성의 역사	F. 샤틀레 / 심세광	16,000원
238	朝鮮演劇史	金在喆	22,000원
239	미학이란 무엇인가	M. 지므네즈 / 김웅권	23,000원
240	古文字類編	高 明	40,000원
241	부르디외 사회학 이론	L. 핀토 / 김용숙 · 김은희	20,000원
242	문학은 무슨 생각을 하는가?	P. 마슈레 / 서민원	23,000원
243	행복해지기 위해 무엇을 배워야 하는가? A. 우지오 外 / 김교신		18,000원
244	영화와 회화: 탈배치	P. 보니체 / 홍지화	18,000원
245	영화 학습 — 실천적 지표들	F. 바누아 外 / 문신원	16,000원
246	회화 학습 — 실천적 지표들	F. 기블레 / 고수현	근간
247	영화미학	J. 오몽 外 / 이용주	24,000원
248	시 — 형식과 기능	J. L. 주베르 / 김경온	근간
249	우리나라 옹기	宋在璇	40,000원
250	검은 태양	J. 크리스테바 / 김인환	27,000원
251	어떻게 더불어 살 것인가	R. 바르트 / 김웅권	28,000원
252	일반 교양 강좌	E. 코바 / 송대영	23,000원
253	나무의 철학	R. 뒤마 / 송형석	29,000원
254	영화에 대하여 — 에이리언과 영화철학 S. 멀할 / 이영주		18,000원
255	문학에 대하여 — 행동하는 지성	H. 밀러 / 최은주	16,000원
256	미학 연습 — 플라톤에서 에코까지 임우영 外 편역		18,000원
257	조희룡 평전	김영회 外	18,000원
258	역사철학	F. 도스 / 최생열	23,000원
259	철학자들의 동물원	A. L. 브라 쇼파르 / 문신원	22,000원
260	시각의 의미	J. 버거 / 이용은	24,000원
261	들뢰즈	A. 괄란디 / 임기대	13,000원
262	문학과 문화 읽기	김종갑	16,000원
263	과학에 대하여 — 행동하는 지성	B. 리들리 / 이영주	근간
264	장 지오노와 서술 이론	송지연	18,000원
265	영화의 목소리	M. 시옹 / 박선주	20,000원
266	사회보장의 발명	J. 동즐로 / 주형일	근간
267	이미지와 기호	M. 졸리 / 이선형	22,000원
268	위기의 식물	J. M. 펠트 / 이충건	근간
269	중국 소수민족의 원시종교	洪 熹	18,000원
270	영화감독들의 영화 이론	J. 오몽 / 곽동준	22,000원
271	중첩	J. 들뢰즈 · C. 베네 / 허희정	18,000원
272	대담 — 디디에 에리봉과의 자전적 인터뷰 J. 뒤메질 / 송대영		근간
273	중립	R. 바르트 / 김웅권	30,000원
274	알퐁스 도데의 문학과 프로방스 문화 이종민		16,000원

275	우리말 釋迦如來行蹟頌	高麗 無寄 / 金月雲	18,000원
276	金剛經講話	金月雲 講述	18,000원
277	자유와 결정론	O. 브르니피에 外 / 최은영	16,000원
278	도리스 레싱: 20세기 여성의 초상	민경숙	24,000원
279	기독교윤리학의 이론과 방법론	김희수	24,000원
280	과학에서 생각하는 주제 100가지	I. 스탕저 外 / 김웅권	21,000원
281	말로와 소설의 상징시학	김웅권	22,000원
282	키에르케고르	C. 르 블랑 / 이창실	14,000원
283	시나리오 쓰기의 이론과 실제	A. 로슈 外 / 이용주	25,000원
284	조선사회경제사	白南雲 / 沈雨晟	30,000원
285	이성과 감각	O. 브르니피에 外 / 이은민	16,000원
286	행복의 단상	C. 앙드레 / 김교신	20,000원
287	삶의 의미 — 행동하는 지성	J. 코팅햄 / 강혜원	16,000원
288	안티고네의 주장	J. 버틀러 / 조현순	14,000원
289	예술 영화 읽기	이선형	19,000원
290	달리는 꿈, 자동차의 역사	P. 치글러 / 조국현	17,000원
291	매스커뮤니케이션과 사회	현택수	17,000원
1001	베토벤: 전원교향곡	D. W. 존스 / 김지순	15,000원
1002	모차르트: 하이든 현악 4중주곡	J. 어빙 / 김지순	14,000원
1003	베토벤: 에로이카 교향곡	T. 시프 / 김지순	18,000원
1004	모차르트: 주피터 교향곡	E. 시스먼 / 김지순	18,000원
1005	바흐: 브란덴부르크 협주곡	M. 보이드 / 김지순	18,000원
1006	바흐: B단조 미사	J. 버트 / 김지순	18,000원
2001	우리 아이들에게 어떤 지표를 주어야 할까?	J. L. 오베르 / 이창실	16,000원
2002	상처받은 아이들	N. 파브르 / 김주경	16,000원
2003	엄마 아빠, 꿈꿀 시간을 주세요!	E. 부젱 / 박주원	16,000원
2004	부모가 알아야 할 유치원의 모든 것들	N. 뒤 소수아 / 전재민	18,000원
2005	부모들이여, '안 돼'라고 말하라!	P. 들라로슈 / 김주경	19,000원
2006	엄마 아빠, 전 못하겠어요!	E. 리공 / 이창실	18,000원
3001	《새》	C. 파글리아 / 이형식	13,000원
3002	《시민 케인》	L. 멀비 / 이형식	13,000원
3101	《제7의 봉인》 비평 연구	E. 그랑조르주 / 이은민	17,000원
3102	《쥘과 짐》 비평 연구	C. 르 베르 / 이은민	18,000원
3103	《시민 케인》 비평 연구	J. 루아 / 이용주	15,000원

【기 타】

▨	모드의 체계	R. 바르트 / 이화여대기호학연구소	18,000원
▨	라신에 관하여	R. 바르트 / 남수인	10,000원
▨	說 苑 (上·下)	林東錫 譯註	각권 30,000원
▨	晏子春秋	林東錫 譯註	30,000원
▨	西京雜記	林東錫 譯註	20,000원
▨	搜神記 (上·下)	林東錫 譯註	각권 30,000원

東文選 文藝新書 137

구조주의의 역사(전4권)

프랑수아 도스

김웅권 · 이봉지 外 옮김

  80년대 중반 이래 포스트모더니즘의 유행이 불어닥치면서 한국의 지성계는 포스트모더니즘의 이론적 기반을 제공한 포스트 구조주의라는 용어를 '후기 구조주의'와 '탈구조주의'의 둘로 번역해 왔다. 전자는 구조주의와의 연속성을 강조한 것이고, 후자는 그것과의 단절을 강조한 것이다. 그런데 파리 10대학 교수인 저자는 《구조주의의 역사》라는 1천여 쪽에 이르는 저작을 통하여 구조주의의 제1세대라고 할 수 있는 레비 스트로스 · 로만 야콥슨 · 롤랑 바르트 · 그레마스 · 자크 라캉 등과, 제2세대라 할 수 있는 루이 알튀세 · 미셸 푸코 · 자크 데리다 등의 작업이 결코 단절된 것이 아니며, 유기적인 연관을 맺고 있다는 것을 밝힘으로써 이에 대한 하나의 해답을 제시하고 있다.

  그는 지난 반세기 동안 프랑스 지성계를 지배하였던 구조주의의 운명, 즉 기원에서 쇠퇴에 이르는 과정에 대한 전체적인 조망을 통해 우리가 흔히 구조주의와 후기 구조주의라고 구분하여 부르는 이 두 사조가 모두 인간 및 사회 · 정치 · 문학, 그리고 역사에 관한 고전적인 개념의 근저를 천착하여 우리로 하여금 그것들의 정당성을 의문시하게 만드는 탈신비화의 과정에 참여하였다는 것을 밝혔으며, 이런 공통점들에 의거하여 이들 두 사조를 하나의 동일한 사조로 파악하였다.

  또한 도스 교수는 민족학 · 인류학 · 사회학 · 정치학 · 역사학 · 기호학, 그리고 철학과 문학에 이르기까지 프랑스에서 흔히 인간과학이라 부르는 학문의 모든 분야에 걸쳐 이룩된 구조주의적 연구의 성과를 치우침 없이 균형 있게 다룸으로써 구조주의의 일반적인 구도를 제시한다. 뿐만 아니라 구조주의의 몇몇 기념비적인 저작에 대한 심층적인 분석을 통하여 주체의 개념을 비롯한 몇몇 근대 서양 철학의 기본 개념의 쇠퇴와 그 부활 과정을 보여 줌으로써 옛 개념들이 수정되고 재창조되며, 또한 새호운 개념으로 다시 태어나는 과정을 파노라마처럼 그려낸다.

東文選 文藝新書 191

그라마톨로지에 대하여

자크 데리다

김웅권 옮김

"언어들은 말하기 위해 만들어지고, 문자 언어는 음성 언어에 대리 보충의 역할만을 한다……. 문자 언어는 음성 언어의 대리 표상에 불과하다. 사람들이 대상보다 이미지를 규정하는 데 더 많은 주의를 기울이는 것은 기이한 일이다." — 루소

따라서 본서는 기이함을 드러낼 수밖에 없는 책이다. 그러나 그 이유는 문자 언어에 모든 주의를 기울임으로써, 이 책이 문자 언어로 하여금 근본적인 재평가를 받게 하기 때문이다. 그런 만큼 총칭적 '논리 자체'로 자처하는 것의 가능성을 사유하기 위해 그것(그러한 논리로 자처하는 것)을 넘어서는 일이 중요할 때, 열려진 길들은 필연적으로 상궤를 벗어난다. 이 논리는 다름 아닌 상식의 분명함에서, '표상'이나 '이미지'의 범주들에서, 안과 밖, 플러스와 마이너스, 본질과 외관, 최초의 것과 파생된 것의 대립에서 안정적 입장을 취하면서 음성 언어와 문자 언어의 관계를 규정하게 되어 있는 논리이다.

우리의 문화가 문자 기호에 부여한 의미들을 분석함으로써, 자크 데리다가 또한 입증하는 것은 그것들의 가장 현실적이면서도 때때로 가장 눈에 띄지 않은 파장들이다. 이런 작업은 개념들의 체계적인 '전치'를 통해서만 가능하다. 실제, 우리는 "문자란 무엇인가?"라는 질문에 야생적이고 즉각적이며 자연발생적인 어떤 경험에 '현상학적' 방식으로 호소함으로써 대답할 수는 없을 것이다. 문자(에크리튀르)에 대한 서구의 해석은 경험·실천·지식의 모든 영역들을 지배하고, 사람들이 그 지배력으로부터 해방시킬 수 있다고 생각하는 질문——"그것은 무엇인가?"——의 궁극적 형태까지 지배한다. 이러한 해석의 역사는 어떤 특정 편견, 위치가 탐지된 어떤 오류, 우발적인 어떤 한계의 역사가 아니다. 그것은 본서에서 '차연'이라는 이름으로 인지되는 운동 속에서 하나의 종결된 필연적 구조를 형성하고 있다.